AF734036

Nachtrag

zu

Müller, Straßenverkehrsrecht

20. Auflage

enthaltend

Berlin 1958

WALTER DE GRUYTER & CO.

vormals G. J. Göschensche Verlagshandlung · J. Guttentag, Verlagsbuchhandlung Georg Reimer · Karl J. Trübner · Veit & Comp.

Archiv-Nr. 22 44 57

Gesamtherstellung: W. Girardet, Wuppertal

Alle Rechte, einschließlich des Rechts der Herstellung von Photokopien und Mikrofilmen, vorbehalten

Nr. 1. Die Fahrlehrerverordnung ersetzt die Nr 1 des Anhangs, Seite 972 des Buches.

1. Verordnung über Fahrlehrer im Kraftfahrzeugverkehr[1])
(Fahrlehrerverordnung)

Vom 23. Juli 1957, BGBl. I S. 769
Amtliche Begründung VkBl 57, 411

Auf Grund des § 6 Abs. 1 Nr. 3[2]) des Straßenverkehrsgesetzes wird mit Zustimmung des Bundesrates verordnet:[3])

Kürzungen in den folgenden Erläuterungen:
FSchein = Führerschein, FLErl = Fahrlehrerlaubnis, FLSchein = Fahrlehrerschein, FLV = Fahrlehrerverordnung, FSchErl = Fahrschulerlaubnis.

1) Die V bezweckt, die Öffentlichkeit vor der Betätigung ungeeigneter Fahrlehrer und den damit verbundenen, durch unsachgemäß ausgebildete KfzFührer drohenden Gefahren zu schützen. Die Ausbildung der Bewerber um die Fahrerlaubnis ist nicht Gegenstand der Fahrlehrerverordnung; C I c 1 zu § 2 StVG.
2) Herleitung der V aus § 6 I 3 StVG: A II a 3a1) zu § 6 StVG.
3) Strafbarkeit von Verstößen gegen die V: 5 zu § 4.

§ 1. Wer[1]) beruflich[2]) Personen ausbildet[3]), die eine Erlaubnis zum Führen von Kraftfahrzeugen nach § 2[4]) des Gesetzes erwerben wollen (Fahrschüler), bedarf der Fahrlehrerlaubnis.

(2) Die Fahrlehrerlaubnis wird für die Ausbildung[5]) zum Erwerb der Fahrerlaubnis einzelner oder sämtlicher Betriebsarten und innerhalb der Betriebsarten einzelner oder sämtlicher Klassen erteilt. Sie gilt für das Inland[6]) und darf nur zusammen mit der Fahrschulerlaubnis oder im Rahmen eines Beschäftigungsverhältnisses[7]) mit einem Inhaber der Fahrschulerlaubnis ausgeübt[8]) werden.

(3) Die Ausbildung im Sinne des Absatzes 1 umfaßt[5]) die Vermittlung der zur Führung von Kraftfahrzeugen nach § 9 Satz 2 und § 11 Abs. 2 Satz 1 der Straßenverkehrs-Zulassungs-Ordnung erforderlichen Kenntnisse und Fähigkeiten sowie die Anleitung der Fahrschüler zu verantwortungsbewußtem und rücksichtsvollem Verhalten im Straßenverkehr.

(4) Die Fahrlehrerlaubnis gilt als Ermächtigung nach § 3 Abs. 1 des Gesetzes.

1) a. Die V kann nicht über das Gesetz (§ 3 StVG) hinausgehen, kann also nur die Ausbildung auf öff Wegen betreffen, nur die Fahrausbildung und diese nur, wenn sie zwecks Erteilung der Fahrerlaubnis erfolgt. § 6 StVG kann nur zur näheren Ausführung dessen ermächtigen, was das Gesetz selbst fordert. Demnach legt die V die Voraussetzungen fest, die erfüllen muß, wer die Ermächtigung des § 3 StVG beantragt. Wer nur auf nichtöff Wegen ausbildet, wer ausschließlich theoretischen Unterricht, zB über KfzBau, ohne Zusammenhang mit beabsichtigter Fahrbetätigung, wer einen andern unterweist, der gar nicht die Fahrerlaubnis erstrebt (BayObLGSt 53, 38; KG 6. 1. 55, VRS 8, 140), wird von § 3 nicht erfaßt, also kann das auch nicht Inhalt der V sein. Wer nicht öff übt, braucht keinen Begleiter, wer nicht öff ausbildet, braucht weder FLErl, noch FSchErl, nicht einmal die Fahrerlaubnis.

Nun besagen die Vorschriften:
§ 3 StVG: der Begleiter muß auf öff Wegen behördlich ermächtigt sein;
§ 1 FLV: beruflicher Ausbilder zur FErl muß auf öff Wegen FLErl haben;
§ 4 FLV: geschäftsmäßige, selbständige Ausbildung oder Ausbildenlassen durch Fahrlehrer fordert FSchErl. Würde in § 4 I das Wort „sie" fehlen, so würde „geschäftsmäßig" auch zum „oder"-Satz gehören; so aber muß, sprachlich unzweifelhaft, gelesen werden: Wer geschäftsmäßig Fahrschüler . . . ausbildet oder wer Fahrschüler („sie") durch Fahrlehrer ausbilden läßt; hier ist also die Wirtschaftsform bedeutungslos;
§ 19 FLV: Einzelausbildung braucht Erlaubnis.

b. Der rechtssystematische Aufbau ist hiernach wohl der: die Regelung beherrschender Grundgedanke: wer ausbildet, bedarf der Erlaubnis. Drei Fälle der Erlaubnis: 1. Fahrlehrer als unselbständiger Beruf, 2. selbständiger Betrieb einer Schule, Inhaber als ein oder einziger Lehrer oder als Nur-Leiter des nur mit Lehrern betriebenen Unternehmens, 3. Einzelausbildung. — Freilich bleiben bei solcher Auslegung Zweifel, weshalb der Grundgedanke nicht vorangestellt worden ist, sondern verquickt mit dem ersten Fall der beruflichen (uzw — arg e contr — zu § 4: unselbständigen) Lehrtätigkeit und ferner weshalb die (ja stets selbständige) Tätigkeit als Schulunternehmer rechtssystematisch geteilt wird in selbständige Ausbildungstätigkeit und in Leitung der Tätigkeit der vom Unternehmer beschäftigten Lehrer.

Die Regelung ist so zu verstehen: 1. Grundsatz ist: Wer Personen ausbilden will, die . . . . , bedarf der Erlaubnis. — Das ist allerdings nur Wiederholung des § 3 StVG, hätte also fortbleiben können, ist aber als Einleitung der weiteren Regelung nützlich. 2. Wer beruflich ausbilden will, bedarf einer Fahrlehrerlaubnis. Diese wird für zwei Fälle erteilt: a) für unselbständige Tätigkeit (in einer Schule), b) für selbständige Tätigkeit, nämlich in der eigenen Schule. 3. Wer nur im Einzelfall ausbilden will, bedarf ebenfalls (nach § 3 StVG) der Erlaubnis, für die Besonderes gilt. — Das bedeutet:

c. Wer ausbilden will, selbständig oder unselbständig, braucht FLErl; zusätzlich braucht (§ 4) FSchErl, wer in seiner Schule
selbst (selbständig) oder
durch seine Lehrer
ausbilden will. § 1 betrifft nach dem Wortlaut den Lehrer als solchen ohne Rücksicht darauf, ob er unselbständig als Angestellter oder als Bediensteter einer Behörde usw. ausbildet. Den Berufslehrer trifft § 1; außerdem gilt für ihn § 4 für die dort behandelte Tätigkeit. Für den Selbständigen, den Unternehmer gilt § 4; ist er gleichzeitig Lehrer, gelten ferner §§ 1 u 2.
§ 1 betrifft nur den, der auch tatsächlich ausbilden will; das braucht beim Unternehmer (§ 4) nicht der Fall zu sein; nur wenn er auch selbst ausbilden will, gilt für ihn § 1. § 1 betrifft also nicht das Ausbildenlassen; arg e contr zu § 4 I.
Aber § 5 I 2 verlangt trotzdem die FLErl, und
§ 5 I 3 verlangt, daß der Bewerber als FL auch tätig gewesen ist. Also braucht, wer nur durch seine Lehrer ausbilden lassen will, trotz des Wortlauts des § 4 und trotz des § 1 außer der FSchErl noch ferner die FLErl. Also ist der Sinn des § 4:

Wer geschäftsmäßig Fahrschüler selbständig ausbilden will, bedarf der FLErl nach § 1 und der FSchErl; beider Erlaubnisse bedarf auch, wer Fahrschüler durch von ihm beschäftigte Fahrlehrer ausbilden lassen will.

d. Hiernach enthält § 1 zwei Elemente: den ihm wohl zu entnehmenden (oben b) Grundgedanken der Erlaubnispflicht für jede Art Lehrtätigkeit — selbständig, unselbständig und im Einzelfall — und die Behandlung unselbständiger beruflicher Ausbildung.

2) Die V unterscheidet berufliche (§ 1), geschäftsmäßige (§ 4) und Einzelerlaubnis (§ 19). Beruflich und geschäftsmäßig sind keine sich ausschließenden Begriffe; der beruflich Tätige kann, je nach Berufsart, Geschäfte machen, geschäftlich arbeiten. Bei Einzelausbildung scheidet der Begriff des Beruflichen aus; ob sie geschäftsmäßig sein kann, ist zweifelhaft: Beruf ist die Tätigkeit, die dauernd die Kraft mindestens ganz überwiegend beansprucht, die Lebensführung bestimmt und idR zum Erwerb des Lebensunterhalts ausgeübt wird. Geschäftsmäßig bedeutet materiell das Einsetzen persönlicher und sachlicher Mittel zur Erzielung eines wirtschaftlichen Erfolges und persönlich, wenn es in Gegensatz zu beruflich gesetzt wird, soll damit offenbar auch eine nicht dauernde und nicht die hauptsächliche Erwerbsquelle bildende Tätigkeit getroffen werden, die auch nicht Lebensinhalt sein muß. Bereitschaft zur Wiederholung ist beiden Arten gemeinsam. Wer Tankstelleninhaber ist oder Autohändler und nur nebenbei ausbilden will, handelt geschäftsmäßig; und das würde auch für den gelten, der einen nichtwesensverwandten (Haupt-)Beruf ausübt, zB Textilkaufmann; aber bei ihm würden idR die Voraussetzungen des § 5 nicht vorliegen; jedoch gibt § 8 ihm (als Erben) die Möglichkeit befristeter Betriebsfortführung. Die Erklärung, auch aus sprachlichen Gründen verwende § 4 das Wort „geschäftsmäßig", eine juristische Person führe einen Betrieb nicht „beruflich", scheitert daran, daß ja „geschäftsmäßig" gerade nicht zu dem „oder"-Satz gehört. Einzelausbildung kann zwar nicht beruflich sein, wohl aber, zB beim Autohändler in dünn besiedelter Gegend, geschäftsmäßig. Auch wer nur als Geldgeber auftritt, handelt geschäftsmäßig. — Die Begr besagt, im wesentlichen mit Vorstehendem übereinstimmend:
Der Begriff der Geschäftsmäßigkeit beinhaltet die Absicht des Handelnden, die Tätigkeit zu wiederholen und sie zu einem dauernden und (?) wenigstens zu einem wiederkehrenden Bestandteil seiner Beschäftigung zu machen. Nicht zur Geschäftsmäßigkeit gehört, daß die Tätigkeit auf Erzielung eines Gewinns oder sonstigen Vermögensvorteils gerichtet ist.

3) Vor Beginn der Tätigkeit, für die § 3 StVG die „behördliche Ermächtigung" fordert, muß die FLErl erteilt sein. Sie liegt vor mit Abschluß des die Ermächtigung aussprechenden behördlichen Aktes; erteilt wird sie, nach außen hin wirksam wird sie in dem Augenblick, in dem sie dem Bewerber zugeht. Daß sie durch Aushändigung des FLScheins (§ 2) erteilt wird, ist nicht bestimmt worden; der Schein verkörpert nicht die FLErl, seine Aushändigung wirkt nicht rechtsbegründend. Aber Schülerausbildungsfahrten auf öff Wegen darf der FL nur mit dem Schein ausführen; also darf er theoretischen Unterricht schon nach Zugehen jener Mitteilung und vor Eingehen des FLScheins betreiben. Wer iSd § 3 StVG ausbildet nach Zugehen der Mitteilung, aber vor Eingehen des Scheins, handelt nur dem § 2 zuwider.

Zum Begriff „geschäftsmäßig" vgl auch § 8a StVG.

4) Der Hinweis auf § 2 besagt: 1. Kfze iSd StVG, dh § 1 II; aber 2. doch nur solcher, für deren Führung nach den zur Ausführung des § 2 ergangenen Vorschriften (§§ 4, 5 StVZO) eine Erlaubnis, die Fahrerlaubnis, erfordert wird; Abs. 2: „zum Erwerb der Fahrerlaubnis". Bloße Unterrichtung ohne das Ziel der Fahrerlaubnis ist nach wie vor (BayObLGSt 53, 38, 25. 2. 53; KG 6. 1. 55, VRS 8, 61) erlaubnisfrei. Freilich ist solche Tätigkeit wegen § 3 StVG, § 6 StVZO nur auf nichtöff Wegen zulässig. Ausbildung zur Führung fahrerlaubnisfreier Kfze (Krankenfahrstühle bis 10 km, einachsiger Zug- oder Arbeitsmaschinen, Fze bis 6 km und Mopeds, §§ 4 und 67a StVZO) ist erlaubnisfrei, auch auf öff Wegen zulässig. Dagegen wird eine nach obigem an sich erlaubnispflichtige Ausbildung nicht dadurch erlaubnisfrei (ebenso die amtl Begr), daß sie auf nichtöff Wegen oder Plätzen erfolgt.

5) Zur Ausbildung der FSchüler gehört Unterweisung in allem, worauf sich die mündliche und die praktische FPrüfung erstrecken; zust BayObLGSt 53, 38. Dazu stellt Abs 3 erschöpfend den Aufgabenkreis des Lehrers fest: für FSch 4 Kenntnis der VerkVorschriften, sonst dasselbe und ferner die zur sicheren Führung eines Kfzs erforderlichen technischen Kenntnisse und ihre Anwendung. Zu diesen gehört die Kenntnis über das Zusammenwirken der wichtigsten KfzBestandteile, nicht aber Fähigkeit zu Instandsetzungen.

6) Inland. Freizügigkeit der Lehrerlaubnis; kein deutsches Land darf der in einem anderen erteilten FLE die Anerkennung versagen, auch nicht über § 2 II, der nur die (formelle) Berichtigung vorschreibt, nicht nochmalige materielle Prüfung ermöglicht. S aber § 11.
Nr VII der Anl zur AusbildV 1921 hatte für den Antrag auf Erteilung der FErl (jetzt § 8 StVZO) einen „Ausbildungsnachweis" gefordert; das hatte schon die AusbildV 1933 nicht übernommen. Fordert aber die Behörde als „Bedingung" einer Neuerteilung (D V zu § 4 StVG) nach Entziehung eine erneute Lerntätigkeit

und den Nachweis darüber, so kann diesem — wegen der Gültigkeit der FLErl im ganzen Inland — die Anerkennung nicht deshalb versagt werden, daß die geforderte zusätzliche Ausbildung nicht bei einem FL gerade des Landes erfolgt sei, bei dessen Behörde der Antrag auf Wiedererteilung laufe.

Bejahung des Bedürfnisses ist nicht Voraussetzung der Erteilung; andere Regelung stände im Widerspruch zur Freizügigkeit.

7) Der Wortlaut des FLScheins iVm § 2 II ergibt, daß mit „im Rahmen eines Beschäftigungsverhältnisses" nicht die abstrakte Erteilung der Erlaubnis im Rahmen eines (ins Belieben des Berechtigten gestellten) BeschV gemeint ist, sondern ein bestimmtes, von der Behörde zu bestätigendes. Damit kehrt die V, vom bisherigen (21. 12. 33, RGBl 34 I 13) abweichend, zu der Regelung v 1. 3. 21, RGBl 212 zurück; schon damals (1921) wurde als Lehrer nur zugelassen, wer Angestellter einer Schule war. Nach der Regelung 1933 erhielt der Lehrer seine Erlaubnis unabhängig von der Art seiner Betätigung, eben als Lehrer schlechthin, abstrakt; er war der Behörde gegenüber selbständiger und freier Erlaubnisträger; vom Standpunkt der Erlaubnispflicht war bedeutungslos, ob er innerhalb eines Schulbetriebs tätig werden wollte. Freie Lehrtätigkeit außerhalb eines (erlaubten) Schulbetriebs ist nicht möglich.

Beschäftigungsverhältnis. Es genügt nicht schon rein tatsächlicher Vorgang, eine mit Zustimmung des Schulunternehmers ausgeübte Hilfs-, zB Überwachungstätigkeit im Kradbeiwagen, wie bei BGH 27. 10. 55, VRS 10, 225 behandelt; C III zu § 3 StVG.

8) Abs 2 stellt einander gegenüber die Erteilung der FLErl, ihren Geltungsbereich und ihre Ausübung. Also kann die Erteilung nicht vom Nachweis eines (zugesagten) Beschäftigungsverhältnisses abhängig gemacht werden.

§ 2. Der Fahrlehrer erhält eine Bescheinigung[1]) (Fahrlehrerschein) nach dem Muster in Anlage 1, die er bei Fahrten mit Fahrschülern mitzuführen[2]) und auf Verlangen zuständigen Beamten, amtlich anerkannten Sachverständigen und amtlich anerkannten Prüfern[3]) für den Kraftfahrzeugverkehr zur Prüfung auszuhändigen hat.

(2) Der Fahrlehrerschein ist der Erlaubnisbehörde[4]) bei jeder Änderung des Beschäftigungsverhältnisses[5]) zur Berichtigung vorzulegen und bei Ruhen, Erlöschen oder Entzug[6]) der Fahrlehrerlaubnis unverzüglich zurückzugeben.

1) Der FLSch verkörpert nicht die FLErl (3 zu § 1), sondern weist nur die Berechtigung zu Schülerausbildungsfahrten, uzw auf öff Wegen aus; 3 zu § 1.

2) Vgl § 4 II 2 StVZO.

3) Anhang 10 des Buches.

4) Mangels bundesrechtlicher Festlegung des Begriffs ErlBehörde ist diese (Art 83 GG) von den Ländern zu bestimmen; § 12.

5) 7 zu § 1.

6) §§ 9—11.

§ 3. Die Fahrlehrerlaubnis wird[1]) erteilt, wenn der Bewerber

1. geistig und körperlich geeignet[2]) und mindestens 23 Jahre alt ist;
2. persönlich zuverlässig[3]) ist;
3. die Fahrerlaubnis für sämtliche[4]) Klassen der Betriebsart[5]) besitzt, in der er ausbilden will;
4. innerhalb der letzten 5 Jahre vor der Bewerbung mindestens 3 Jahre[6]) Kraftfahrzeuge geführt hat und diese Tätigkeit zum Erwerb ausreichender Erfahrungen über richtiges Verhalten[7]) im Straßenverkehr geeignet erscheint;
5. seine fachliche Eignung[8]) und Sachkunde in einer Fahrlehrerprüfung nach der Prüfungsordnung in Anlage 2 nachgewiesen hat.

(2) Die Erlaubnis zur Ausbildung für die Fahrerlaubnis der Klasse 2 setzt außerdem die Gesellenprüfung im Kraftfahrzeughandwerk voraus. Dies gilt nicht für Bewerber mit einer abgeschlossenen[9]) Ausbildung im Maschinenbaufach oder in der Elektrotechnik an einer technischen Hochschule oder Universität oder einer anerkannten höheren technischen Lehranstalt.

(3) Der Bewerber wird zur Fahrlehrerprüfung nur zugelassen, wenn er die sonstigen für ihn geltenden Voraussetzungen nach den Absätzen 1 und 2 erfüllt.

1) „Wird erteilt, wenn" heißt: ist zu erteilen; Gegensatz: § 19 „kann"; vgl Lünebg 2. 11. 50, III A 96. 50; ferner Art 12 GG. Erteilung ist also nicht Ermessenssache. Mit Zuerkennung eines Rechtsanspruchs ist freier Widerruf ausgeschlossen; § 11. Keine Prüfung des Bedürfnisses: 6 zu § 1.

2) Die Eignung mißt sich an den Anforderungen an die Prüflinge der Führerprüfung (§ 11 StVZO); OVG Bln 25. 7. 56, I B 19. 56. — Ihr Urteil über die geistige und körperliche Eignung des Bewerbers kann sich (§ 14) die ErlBeh in der gleichen Weise verschaffen, wie im Fall des Fahrlehrers nach § 13.

3) Zuverlässigkeit ist Charaktereigenschaft; Behörde (§ 12, nicht Prüfungsausschuß) prüft alle bekannt werdenden Umstände von Amts wegen: OVG 31. 3. 29, VBl 651. Fortfall der Zuverlässigkeit: § 11.

4) Trotz des Wortlauts „sämtliche" Klassen wird man die FE Kl 4 nicht fordern müssen; § 5 II StVZO.

5) Die Einzahl „Betriebsart" bedeutet nicht, der Bewerber könne die FLE nicht auch für sämtliche Klassen mehrerer Betriebsarten erhalten; § 1 II, § 4 II. — Fze im öff PersVerk: keine besondere „Betriebsart"; 1a zu § 9 BOKraft, Anh 4 des Buches.

6) „Mindestens 3 Jahre" sind nicht: (mindestens) dreimal 365 Tage; gefordert wird eine in 3 Jahren ausgeübte zusammenhängende Tätigkeit mit nur normaler Lebensführung entsprechenden Unterbrechungen.

7) Richtig ist ein Verhalten nicht schon bei Befolgung der Verkehrsregeln; erfordert werden auch Verantwortungsbewußtsein und Rücksichtnahme; vgl § 1 III.
8) „Fachliche Eignung" zielt neben der ja sehr ähnlichen „Sachkunde" wohl auf die Fähigkeit, Fachwissen und Erfahrungen den Schülern mitzuteilen.
9) Durch die mit Erfolg abgelegte planmäßige Prüfung.

§ 4.[1]) Wer geschäftsmäßig[2]) Fahrschüler selbständig ausbildet oder sie durch Fahrlehrer, die von ihm beschäftigt werden, ausbilden läßt, bedarf der Fahrschulerlaubnis[3]).

(2) Die Fahrschulerlaubnis kann für die Ausbildung zum Erwerb der Fahrerlaubnis einzelner oder sämtlicher Betriebsarten und innerhalb der Betriebsarten einzelner oder sämtlicher Klassen erteilt werden. Sie gilt[4]) für den Bezirk der Erlaubnisbehörde.

(3) Der Inhaber der Fahrschulerlaubnis ist dafür verantwortlich[5]), daß die Ausbildung der Fahrschüler den Anforderungen des § 1 Abs. 3 entspricht.

1) Allgemeine Bedeutung des § 4: 1 u 2 zu § 1.
2) Zweifel zum Begriff „geschäftsmäßig" iGgsz „beruflich" bei § 1: 2 zu § 1. Sie werden noch dadurch vertieft, daß ein Entwurf auch in § 4 die berufliche Tätigkeit hatte erfassen wollen.
3) Die V 1933 hatte die Regelung 1921 — Zweiteilung in Schul- und Lehrerkonzession — beseitigt, nur noch den Lehrer, nicht mehr den Schulunternehmer erfaßt (soweit er nicht selbst als Lehrer in Betracht kam). Die Zweiteilung ist nun wiederhergestellt; Schulen sind bundesrechtlich erfaßt. Die V stellt die Bedingungen für den Schulunternehmer, der selbst oder auch nicht selbst als Lehrer tätig werden will.
4) Gegensatz: Freizügigkeit in § 1 II.
5) Hier handelt es sich um die für ein Vorgehen nach § 11 bedeutsame, also verwaltungsmäßige Verantwortung; die strafrechtliche regelt sich, wenn der Inhaber selbst ausbildet, nach § 3 II StVG, wenn das nicht der Fall, nach allgemeinem Strafrecht. Verstöße gegen die FLV selbst bedroht, da sie, iGgsz der von 1933, keine eigene Strafdrohung hat, § 21 StVG; seiner Anwendung geht allerdings § 71 StVZO vor, wenn die Zuwiderhandlung eine Vorschrift der StVZO verletzt.

§ 5. Die Fahrschulerlaubnis wird[1]) erteilt, wenn[2]) der Bewerber

1. mindestens 25 Jahre alt ist;
2. die Fahrlehrerlaubnis der Betriebsart[3]) und Klasse besitzt, für die er die Fahrschulerlaubnis beantragt;
3. insgesamt mindestens ein Jahr[4]) als Fahrlehrer[5]) tätig war;
4. einen Unterrichtsraum und die Lehrmittel nach Anlage 3 zur Verfügung[6]) hat.

(2) Einer juristischen Person oder einem nichtrechtsfähigen Verein wird die Fahrschulerlaubnis erteilt, wenn die nach Gesetz oder Satzung zur Vertretung berufenen Personen zuverlässig sind und mindestens eine von ihnen, die die Voraussetzungen des Absatzes 1 Nr. 1, 2 und 3 erfüllt, zum verantwortlichen Leiter des Ausbildungsbetriebes bestellt wird. Absatz 1 Nr. 4 gilt entsprechend.

(3) Auf die Frist in Absatz 1 Nr. 3 kann die Zeit angerechnet werden, in der der Bewerber ohne eigenes Verschulden zu angemessenen Bedingungen eine Beschäftigung als Fahrlehrer nicht finden konnte.

1) Vgl 1 zu § 3.
2) Die Bedürfnisfrage darf auch hier (6 zu § 1) nicht entscheidend sein.
3) Vgl 5 zu § 3.
4) Nicht 365 Tage; 6 zu § 3.
5) Der FSchUnternehmer braucht nicht selbst Lehrer zu sein, muß es nur ein Jahr gewesen sein und braucht nicht einmal die FLErl noch zu haben.
6) Es wird also weder Eigentum erfordert, noch ein dauerndes, sondern nur ein einem ordnungsmäßigen Ausbildungsbetrieb angepaßtes und genügendes Zurverfügungstehen. Zusammenschluß zu gemeinsamer Benutzung kann ebenso genügen, wie Mitbenutzung.

§ 6. Die Fahrschulerlaubnis kann mit Bedingungen und Auflagen[1]) verbunden werden. Sie ist nicht übertragbar.

1) Die Bedingungen und Auflagen müssen in sachlichem Zusammenhang mit der Ausübung der Erlaubnis stehende Nebenbestimmungen sein, die sich aus allgemeinen Rechtsgrundsätzen oder dem StVG oder der FLV ergeben. Sie müssen mit der Erlaubnis verbunden werden; nachträglich sind sie grundsätzlich unzulässig. Eine auf Grund Gesetzes subjektive Rechte für den Unternehmer begründende Erlaubnis kann nur im Rahmen des Gesetzes geändert werden.

§ 7. Der Inhaber der Fahrschulerlaubnis kann innerhalb[1]) des Bezirks der Erlaubnisbehörde weitere Betriebsstellen einrichten; diese müssen den Vorschriften der Anlage 3 entsprechen.

1) Zur Errichtung (den Anforderungen der V entsprechender!) Zweigstellen im Bezirk der ErlBeh ist eine behördliche Zustimmung nicht erforderlich; für die Errichtung außerhalb des Bezirks sind keine Erleichterungen gegenüber §§ 4 und 5 zugestanden. „Betriebsstelle" ist jede Einrichtung, die sich mit Ausbildung (in allen oder auch nur einigen Zweigen) befaßt, für die eine Schulerlaubnis erforderlich ist; 1 zu § 1.

§ 8. Nach dem Tode des Inhabers der Fahrschulerlaubnis kann der Erbe den Betrieb für die Zeit von höchstens drei Jahren weiterführen.[1]) Dasselbe gilt für den Testamentsvollstrecker, Nachlaßpfleger oder Nachlaßverwalter während einer Testamentsvollstreckung, Nachlaßpflegschaft oder Nachlaßverwaltung.[2])

(2) Erfüllen die in Absatz 1 genannten Personen die Voraussetzungen des § 5 Abs. 1 Nr. 1 und 2[3]) nicht, so kann der Betrieb nur weitergeführt werden, wenn eine andere Person als verantwortlicher Leiter des Ausbildungsbetriebes bestellt wird; für diese gilt § 5 Abs. 1 Nr. 1, 2 und 3 sowie Abs. 3.

(3) Die Bestimmungen für die Fahrschulerlaubnis gelten[4]) entsprechend.

---

1) Das (bloße) Recht zur Weiterführung ist nicht wesensgleich mit dem Innehaben der Schulerlaubnis. Auch die Weiterführung nach Satz 2 ist auf 3 Jahre begrenzt, wenn das Amt so lange dauert.

2) Vgl § 19 GüKG (Anhang 5 des Buches).

3) Fehlt nur die Voraussetzung Nr 3 des § 5 I, so ist Weiterführung ohne die Bedingung des Abs 2 zulässig.

4) Daß die Schule nach den Vorschriften der V weitergeführt werden muß und daß die für Schulen gegebenen Verwaltungsvorschriften, zB § 11, für weitergeführte Schulen gelten, brauchte nicht vorgeschrieben zu werden; welche („Die") Bestimmungen und (nur) „entsprechend" gelten, ist zweifelhaft.

§ 9. Die Fahrlehrerlaubnis ruht, wenn dem Inhaber die Fahrerlaubnis[1]) nach § 111 a der Strafprozeßordnung vorläufig entzogen oder bei einer Entziehung im Verwaltungsverfahren die aufschiebende Wirkung des Rechtsmittels ausdrücklich ausgeschlossen wird.

(2) Die Fahrlehrerlaubnis erlischt, wenn dem Inhaber die Fahrerlaubnis rechtskräftig entzogen wird.

---

1) FE ist Voraussetzung der Erteilung der FLErl; § 3 I 3; Fortfall der Voraussetzung hat Fortfall (Erlöschen) der FLErl zur Folge; Abs 2. Darüber hinaus soll bei noch nicht endgültigem Fortfall (D III und E IV zu § 4 StVG, C I c zu § 5) der Voraussetzung die FLErl ruhen.

§ 10. Die Fahrschulerlaubnis einer natürlichen Person ruht, wenn dem Inhaber die Fahrerlaubnis nach § 111a der Strafprozeßordnung vorläufig entzogen oder bei einer Entziehung im Verwaltungsverfahren die aufschiebende Wirkung des Rechtsmittels ausdrücklich ausgeschlossen wird.[1]) Die Erlaubnisbehörde kann die Weiterführung des Ausbildungsbetriebes gestatten, wenn eine andere Person als verantwortlicher Leiter bestellt ist; für diese gilt § 5 Abs. 1 Nr. 1, 2 und 3 sowie Abs. 3.

(2) Die Fahrschulerlaubnis einer natürlichen Person erlischt, wenn dem Inhaber die Fahrerlaubnis nach § 42m des Strafgesetzbuchs rechtskräftig entzogen wird.

(3) Die Fahrschulerlaubnis einer juristischen Person oder eines nichtrechtsfähigen Vereins ruht, wenn nur ein verantwortlicher Leiter des Ausbildungsbetriebes nach § 5 Abs. 2 vorhanden ist und diesem die Fahrerlaubnis

1. nach § 111a der Strafprozeßordnung vorläufig oder
2. nach § 42m des Strafgesetzbuchs rechtskräftig entzogen wird.

(4) Im Falle des Absatzes 3 Nr. 1 gilt Absatz 1 Satz 2 entsprechend. Im Falle des Absatzes 3 Nr. 2 erlischt die Fahrschulerlaubnis, wenn nicht binnen 3 Monaten eine andere nach Gesetz oder Satzung zur Vertretung berufene Person als verantwortlicher Leiter des Ausbildungsbetriebes bestellt wird; für diese gilt § 5 Abs. 1 Nr. 1, 2 und 3 sowie Abs. 3.

---

1) Vgl. 1 zu § 9.

§ 11. Die Fahrlehrerlaubnis oder die Fahrschulerlaubnis ist[1]) zu entziehen[2]), wenn

1. Tatsachen[3]) bekannt werden, aus denen sich ergibt[4]), daß die Voraussetzungen[5]) für die Erteilung der Erlaubnis nicht vorhanden waren oder nicht mehr gegeben sind, oder
2. der Erlaubnisinhaber wiederholt die ihm bei der Ausbildung von Fahrschülern obliegenden Pflichten[6]) gröblich verletzt.

(2) Die Fahrschulerlaubnis kann[7]) entzogen werden, wenn der Ausbildungsbetrieb aus einem vom Inhaber zu vertretenden Grunde[8]) nicht binnen eines Jahres nach Erteilung der Erlaubnis eröffnet wird oder über die Dauer eines Jahres hinaus stilliegt.

(3) Die Erlaubnisbehörde kann[7]) bei geistigen oder körperlichen Mängeln des Inhabers davon absehen, die Fahrschulerlaubnis zu entziehen, wenn eine andere Person als verantwortlicher Leiter des Ausbildungsbetriebes bestellt wird; für diese gilt § 5 Abs. 1 Nr. 1, 2 und 3 sowie Abs. 3.

---

1) Also nicht mehr (§ 7 V 1933) Ermessenssache. Ermessen nur bei Auslegung des Begriffs „gröblich" der Nr. 2.

2) Entziehung durch (Abs 3!) die ErlBeh.

[3]) Der Bewerber hat bei Erfüllung der Voraussetzungen einen Rechtsanspruch auf Erlaubnis; 1 zu § 3. Folglich bleibt ihm die Erlaubnis für die Dauer des Vorliegens der Voraussetzungen. Die „Tatsachen" der Nr. 1 sind nur solche, die erst nach Erteilung festgestellt werden, aber schon früher liegen können, wie Nr 1 im Hinblick auf die zur GewO ausgebildeten Rechtsgrundsätze über Genehmigungsentziehung ausdrücklich zuläßt. Insb ist die Heranziehung früherer Tatsachen nicht auf den Fall beschränkt, daß sie zusätzlich zu nachträglich bekanntgewordenen verwertet werden sollen. Ferner können frühere Tatsachen auch bei schuldhafter Unkenntnis der ErlBeh herangezogen werden.

[4]) Nr 2 gestattet nur die Verwertung von Umständen, die die fachliche Tätigkeit, die Ausbildung betreffen. Aber Nr 2 trifft nicht nur den die Lehrtätigkeit selbst Ausübenden; den sich auf die Leitung des Unternehmens beschränkenden Inhaber der FSchErl trifft die Verantwortung nach § 4 II bzgl der Ausbildung; Pflichtverletzung insoweit fällt unter Nr 2. Es braucht ihm aber dann nicht auch die FLErl entzogen zu werden.

[5]) Die „Voraussetzungen" sind die (vor Erteilung der Erlaubnis zu prüfenden) Anforderungen an die Eignung in § 3 I Nr 1 (ohne das Mindestalter) und Nr 2; Nr 3 ist schon in § 9 besonders behandelt. Zur Zuverlässigkeit gehört das Gewährbieten für gewissenhafte und gründliche Ausbildung; auf ihr Fehlen (und auf mangelnde fachliche Eignung) kann häufiges Versagen der Schüler in der Prüfung zurückzuführen sein.

[6]) Pflichten „bei" der Ausbildung sind auch die aus § 3 II StVG folgenden. — Gröblich vgl § 315a I 4 StGB (vor § 27 StVG).

[7]) Hier, iGgsz zu oben 1, Ermessenssache.

[8]) „Aus einem . . . . Grunde" gehört auch zu dem „oder"-Satz.

§ 12. Die Erlaubnisbehörde ist für die Entscheidungen[1]) über die Fahrlehrerlaubnis und die Fahrschulerlaubnis zuständig.

(2) Die Landesregierungen bestimmen die Erlaubnisbehörden.

---

[1]) Entscheidung ist, was einen Rechtsbehelf auflöst. Die Zuständigkeit zu sonstigen Verwaltungsmaßnahmen folgt aus Verwaltungsaufbau oder Regelung der Landesregierung, soweit nicht Bundesrecht, zB § 13, eingreift.

§ 13. Die Erlaubnisbehörde übt die Aufsicht über die Inhaber der Fahrlehrerlaubnis und der Fahrschulerlaubnis aus.

(2) Die Erlaubnisbehörde ist berechtigt, an Ort und Stelle zu prüfen, ob die Unterrichtsräume und Lehrmittel den Vorschriften der Anlage 3 entsprechen und die Ausbildung ordnungsgemäß betrieben wird; sie soll diese Prüfung mindestens alle zwei Jahre durchführen.

(3) Die Erlaubnisbehörde kann die Vorlage eines amts- oder fachärztlichen Zeugnisses oder eines eignungstechnischen Gutachtens einer Untersuchungsstelle verlangen, wenn Tatsachen bekannt werden, die Bedenken gegen die geistige oder körperliche Eignung des Fahrlehrers begründen.

§ 14. In der Bewerbung um die Fahrlehrerlaubnis ist anzugeben, für welche Betriebsart und Klasse von Kraftfahrzeugen die Erlaubnis beantragt wird; beizufügen sind

1. eine Geburtsurkunde und ein Lebenslauf;
2. das Zeugnis eines Amtsarztes oder — auf Verlangen der Erlaubnisbehörde — eines Facharztes oder das eignungstechnische Gutachten einer Untersuchungsstelle über die geistige und körperliche Eignung;
3. amtlich beglaubigte Abschrift des Führerscheins;
4. Unterlagen für den Nachweis der Voraussetzung nach § 3 Abs. 1 Nr. 4.

Der Bewerbung um die Fahrlehrerlaubnis zur Ausbildung auf Kraftfahrzeugen der Klasse 2 sind außerdem Unterlagen für den Nachweis der Voraussetzungen nach § 3 Abs. 2 beizufügen.

§ 15. In der Bewerbung um die Fahrschulerlaubnis sind Sitz und Name des Betriebes mitzuteilen und anzugeben, für welche Betriebsart und Klasse von Kraftfahrzeugen die Erlaubnis beantragt wird; beizufügen sind

1. ein Lebenslauf;
2. eine amtlich beglaubigte Abschrift des Fahrlehrerscheins;
3. Zeugnisse über die bisherige Tätigkeit als Fahrlehrer;
4. eine Erklärung, ob und von welcher Erlaubnisbehörde der Bewerber bereits eine Fahrschulerlaubnis erhalten hat;
5. ein maßstabgerechter Plan der Unterrichtsräume mit Angaben über ihre Ausstattung;
6. eine Aufstellung der Lehrfahrzeuge;
7. eine Erklärung, daß die sonstigen Lehrmittel nach Anlage 3 zur Verfügung stehen.

(2) Bei einer juristischen Person oder einem nichtrechtsfähigen Verein gilt für den verantwortlichen Leiter des Ausbildungsbetriebes Absatz 1 Nr. 1 bis 4, für die anderen nach Gesetz oder Satzung zur Vertretung berufenen Personen Absatz 1 Nr. 1 und 4 entsprechend. Außerdem sind der Bewerbung einer juristischen Person ein Auszug aus dem Handelsregister oder dem Vereinsregister und der Bewerbung eines nichtrechtsfähigen Vereins Unterlagen über die Vertretungsbefugnis der für ihn Handelnden beizufügen.

§ 16. Der Erlaubnisbehörde sind unverzüglich anzuzeigen

1. der Erwerb einer Fahrschulerlaubnis im Bezirk einer anderen Erlaubnisbehörde;
2. die Einrichtung weiterer Betriebsstellen;
3. die Verlegung und die Schließung des Betriebes oder einer Betriebsstelle;
4. Beginn und Ende des Beschäftigungsverhältnisses mit einem Fahrlehrer;
5. die Weiterführung des Betriebes nach § 8 Abs. 1;
6. die Bestellung oder Abberufung eines Leiters des Ausbildungsbetriebes nach § 8 Abs. 2, § 10 Abs. 1 und 4 sowie § 11 Abs. 3; der Anzeige über die Bestellung sind Unterlagen nach § 15 Abs. 1 Nr. 1, 2 und 3 beizufügen;
7. die Bestellung oder das Ausscheiden von Personen, die nach Gesetz oder Satzung zur Vertretung einer juristischen Person oder eines nichtrechtsfähigen Vereins berufen sind; der Anzeige über die Bestellung sind Unterlagen nach § 15 Abs. 2 beizufügen.

§ 17. Soweit der Bund, die Länder, die Gemeinden oder andere juristische Personen des öffentlichen Rechts durch eigene Fahrlehrer Beamte, Angestellte oder Arbeiter für eigene Zwecke als Kraftfahrzeugführer ausbilden, bedürfen sie nicht der Fahrschulerlaubnis.

(2) Für die Fahrlehrer gelten die allgemeinen Vorschriften, soweit nicht § 18 etwas anderes bestimmt.

§ 18. Der Bundesminister des Innern, der Bundesminister der Finanzen, der Bundesminister für Verteidigung, der Bundesminister für Verkehr, der Bundesminister für das Post- und Fernmeldewesen und die für die Polizei zuständigen obersten Landesbehörden können anordnen, daß für Fahrlehrer ihres Geschäftsbereichs Dienststellen dieser Verwaltungen die Aufgaben der Erlaubnisbehörden und der Prüfungsausschüsse (§ 1 Prüfungsordnung) wahrnehmen. Dasselbe gilt nach Weisung des Bundesministers für Verkehr für den Vorstand der Deutschen Bundesbahn.

(2) Die nach Absatz 1 erteilte Fahrlehrerlaubnis berechtigt den Inhaber nur, im dienstlichen Auftrag Fahrschüler auszubilden, die im öffentlichen Dienst stehen. Sie kann jederzeit zurückgenommen werden und erlischt, wenn der Inhaber aus dem öffentlichen Dienst ausscheidet.

(3) Beantragt der Inhaber einer nach Absatz 1 erteilten Fahrlehrerlaubnis nach seinem Ausscheiden aus dem öffentlichen Dienst eine entsprechende Fahrlehrerlaubnis nach § 1, so gelten die allgemeinen Bestimmungen. Wird der Antrag innerhalb von zwei Jahren nach der Rücknahme oder dem Erlöschen der nach Absatz 1 erteilten Fahrlehrerlaubnis gestellt, so entfällt die Fahrlehrerprüfung, wenn nicht Tatsachen vorliegen, die Zweifel an der fachlichen Eignung und Sachkunde des Bewerbers rechtfertigen.

§ 19. [1]) Personen, die die Voraussetzungen des § 3 Abs. 1 Nr. 1, 2[2]) und 4 erfüllen, kann die zuständige Behörde zur Ausbildung[3]) einzelner bestimmter Fahrschüler, die nicht unter die §§ 1 und 4 fällt, eine Erlaubnis erteilen.[4]) Die Behörde hat hierfür eine besondere Bescheinigung[5]) auszustellen, die nach Abschluß der Ausbildung zurückzugeben ist. § 1 Abs. 3 und 4, §§ 2, 6 und 14 Satz 1 gelten entsprechend.

---

1) §§ 1 und 4 betreffen Ausbildung durch Angestellte oder Unternehmer einer FSchule; dazu tritt (1 u 2 zu § 1) Ausbildung in bestimmtem Einzelfall; zB eines Familienangehörigen, sei es des Ausbildenden (des Sohnes durch den Vater), sei es des FzHalters (des Sohnes des Halters durch den Chauffeur des Halters), gerechtfertigt etwa durch schwere Erreichbarkeit eines FLehrers. RVM 20. 4. 36, RVkBl B 203.

2) IGgsz AusbildV 1933 jetzt auch Prüfung der persönlichen Verhältnisse.

3) § 19 gilt auch für den Fall der Ausdehnung der schon vorhandenen FErl, § 13 II StVZO.

4) Führen eines fahrerlaubnispflichtigen Kfzs auf öff Wegen ohne die Einzelerlaubnis strafbar:
beim Führer nach § 24 I 1 StVG,
beim Halter nach § 24 II StVG.

5) Die „besondere Bescheinigung" tritt an die Stelle des FLScheins des § 2.

§ 20. Personen, die bei Inkrafttreten dieser Verordnung Inhaber einer Ausbildungserlaubnis sind, gilt die Fahrlehrerlaubnis nach dieser Verordnung als erteilt; der Fahrlehrerschein nach bisherigem Recht gilt als Fahrlehrerschein nach § 2 dieser Verordnung.

(2) Natürlichen oder juristischen Personen oder nichtrechtsfähigen Vereinen, die bei Inkrafttreten dieser Verordnung geschäftsmäßig Fahrschüler selbständig ausbilden oder sie durch Fahrlehrer, die von ihnen beschäftigt werden, ausbilden lassen, gilt die Fahrschulerlaubnis nach dieser Verordnung als erteilt. Sie haben ihren Betrieb bis zum 28. Februar 1958 bei der Erlaubnisbehörde anzuzeigen. Vom 1. September 1958 an müssen diese Betriebe den Vorschriften der Anlage 3 und bei juristischen Personen und nichtrechts-

fähigen Vereinen die nach Gesetz oder Satzung zur Vertretung berufenen Personen den Erfordernissen nach § 5 entsprechen.

§ 21. Die zuständigen obersten Landesbehörden und die in § 18 Abs. 1 genannten Behörden können in Einzelfällen Ausnahmen von den Bestimmungen dieser Verordnung zulassen.

§ 22. Diese Verordnung gilt nach § 14 des Dritten Überleitungsgesetzes vom 4. Januar 1952 (Bundesgesetzbl. I S. 1) in Verbindung mit Artikel 7 des Gesetzes zur Sicherung des Straßenverkehrs vom 19. Dezember 1952 (Bundesgesetzbl. I S. 832) auch im Land Berlin.

§ 23. Diese Verordnung tritt am 1. September 1957 in Kraft. Gleichzeitig tritt die Verordnung über die Ausbildung von Kraftfahrzeugführern vom 21. Dezember 1933 (Reichsgesetzbl. 1934 I S. 13) in ihrer derzeit geltenden Fassung außer Kraft.

Anlage 1
(zu § 2)

(auf gelbem, glattem Leinwandpapier, Breite 105 mm, Höhe 148 mm, Typendruck)

(1. Seite)

Fahrlehrerschein

Herr/Frau/Fräulein ....

geboren am .... in ....

wohnhaft in ....

besitzt die Erlaubnis für die Ausbildung von Fahrschülern auf Kraftfahrzeugen

mit Verbrennungsmaschine Klasse ....

mit Elektromotor Klasse ....

mit Dampfmaschine Klasse ....

.................................., den 19

....

(Siegel der Erlaubnisbehörde) (Unterschrift)

Fahrlehrerverzeichnis .... Nr. ....
(Ortsangabe)

(2. Seite)

Der Fahrlehrerschein ist bei Fahrten mit Fahrschülern mitzuführen und auf Verlangen zuständigen Beamten, amtlich anerkannten Sachverständigen und amtlich anerkannten Prüfern für den Kraftfahrzeugverkehr zur Prüfung auszuhändigen.

Der Fahrlehrerschein ist unverzüglich an die Erlaubnisbehörde zurückzugeben, wenn die Fahrlehrerlaubnis ruht, erlischt oder entzogen wird.

....
(Unterschrift des Erlaubnisinhabers)

(3. Seite)

Dem Inhaber dieses Fahrlehrerscheins ist am ....

von .... Gesch. Zch. .... die Fahrschulerlaubnis erteilt worden.

...., den .... 19 ....

....

(Siegel der Erlaubnisbehörde) (Unterschrift)

Der Inhaber dieses Fahrlehrerscheins ist als Fahrlehrer beschäftigt seit

.... bei ....

...., den .... 19 ....

....

(Siegel der Erlaubnisbehörde) (Unterschrift)

Der Inhaber dieses Fahrlehrerscheins ist als Fahrlehrer beschäftigt seit

.... bei ....

...., den .... 19 ....

....

(Siegel der Erlaubnisbehörde) (Unterschrift)

Seite 4 enthält Raum für weitere amtliche Eintragungen.

Anlage 2
(zu § 3 Abs. 1 Nr. 5)

Prüfungsordnung für Fahrlehrer

§ 1

(1) Die Fahrlehrerprüfung ist vor einem Prüfungsausschuß abzulegen, der von der Erlaubnisbehörde zu bilden ist. Er besteht aus mindestens drei Mitgliedern; ein Mitglied muß amtlich anerkannter Sachverständiger für den Kraftfahrzeugverkehr, ein Mitglied Fahrlehrer sein.

(2) Die Erlaubnisbehörde ernennt die Mitglieder des Prüfungsausschusses und bestimmt den Vorsitzenden. Die Mitglieder des Prüfungsausschusses, die nicht amtlich anerkannte Sachverständige für den Kraftfahrzeugverkehr sind, üben ihre Tätigkeit ehrenamtlich aus.

(3) Der Vorsitzende beraumt den Prüfungstermin an und lädt die Bewerber.

§ 2

In der Fahrlehrerprüfung hat der Bewerber seine fachliche Eignung und die für die Lehrtätigkeit erforderlichen Kenntnisse sowie die Fähigkeit nachzuweisen, dieses Wissen Fahrschülern zu vermitteln.

§ 3

(1) Die Fahrlehrerprüfung umfaßt eine schriftliche, eine praktische und eine mündliche Prüfung.

(2) Besteht der Bewerber die schriftliche oder die praktische Prüfung nicht, so kann der Prüfungsausschuß ihn von der weiteren Prüfung ausschließen.

(3) Für eine Erweiterung der Fahrlehrerlaubnis bestimmt der Prüfungsausschuß den Umfang der Prüfung.

§ 4

In der schriftlichen Prüfung hat der Bewerber unter Aufsicht eine Arbeit von etwa drei Stunden Dauer in übersichtlicher Form und gutem Deutsch abzufassen; sie soll durch

Handskizzen ergänzt werden. In der Regel sind sechs Aufgaben zu behandeln, davon mindestens vier, die das verkehrsgerechte Verhalten im Straßenverkehr betreffen.

§ 5

(1) In der praktischen Prüfung hat der Bewerber nachzuweisen, daß er ein Kraftfahrzeug der Betriebsart und Klasse, für die er die Fahrlehrerlaubnis beantragt hat, sicher und gewandt führen sowie einen Fahrschüler beaufsichtigen und unterrichten kann.

(2) Der Vorsitzende kann bestimmen, daß die praktische Prüfung vor nur einem Mitglied des Prüfungsausschusses abgelegt wird.

§ 6

Im Rahmen der mündlichen Prüfung hat der Bewerber auch eine Lehrprobe abzulegen.

§ 7

Hat der Bewerber die Fahrlehrerprüfung nicht bestanden, so kann er sie frühestens nach sechs Monaten wiederholen. Besteht er auch die Wiederholungsprüfung nicht, so kann er nur noch einmal, und zwar frühestens nach Ablauf von zwei Jahren, zu einer weiteren Wiederholungsprüfung zugelassen werden.

Anlage 3
(zu § 5 Abs. 1 Nr. 4)

Vorschriften für Unterrichtsräume und Lehrmittel

§ 1

Unterricht darf nur in Räumen erteilt werden, die einen sachgerechten Ausbildungsbetrieb zulassen.

§ 2

In jedem Unterrichtsraum müssen folgende Lehrmittel zur Verfügung stehen:
eine Unterrichtstafel (Schreibtafel),
ein Verkehrstisch oder eine magnetische Verkehrstafel,
Lehrtafeln über Verkehrszeichen,
Lehrtafeln über Kraftfahrzeugtechnik,
Texte der Gesetze und Verordnungen des Straßenverkehrsrechts und der benachbarten Rechtsgebiete vor allem der Arbeitszeitbestimmungen,
außerdem zur Ausbildung für die Fahrerlaubnis der Klassen 2 und 3 ein Schnittmodell eines Fahrgestells oder entsprechende Einzelaggregate,
außerdem zur Ausbildung für die Fahrerlaubnis der Klasse 2 ein betriebsfähiges Modell oder ein Schnittmodell einer Druckluftbremse.

Die Lehrmittel müssen dem neuesten Stand des Straßenverkehrsrechts und der Kraftfahrzeugtechnik entsprechen.

§ 3

(1) Zur Fahrausbildung müssen zur Verfügung stehen,
für die Fahrerlaubnis der Klasse 1
ein Kraftrad oder ein Motorroller mit oder ohne Seitenwagen mit drei Gängen und Einrichtungen zur Betätigung von Fußbremse und Kupplung durch den Fahrlehrer,
für die Fahrerlaubnis der Klasse 3
ein Personenkraftwagen mit mindestens 3 Sitzplätzen sowie mit akustisch oder optisch kontrollierbaren Einrichtungen für die Betätigung von Fußbremse und Kupplung durch den Fahrlehrer,
für die Fahrerlaubnis der Klasse 2
Ein Kraftomnibus oder ein Lastkraftwagen der Klasse 2 mit Druckluftbremse und akustisch oder optisch kontrollierbaren Einrichtungen für die Betätigung von Fuß- oder Handbremse und Kupplung durch den Fahrlehrer.

(2) Für die Kraftfahrzeuge müssen Einrichtungen vorhanden sein, die es ermöglichen, die Kennzeichnung als Schulfahrzeuge bei Prüfungsfahrten abzudecken und oder zu entfernen.

§ 4

Zur Ausbildung für die Fahrerlaubnis der Klasse 1 sind Schutzhelme vorzuhalten.

Allgemeine Verwaltungsvorschriften zur Verordnung über Fahrlehrer im Kraftfahrzeugverkehr

vom 25. Juli 1957 (Bundesanz. Nr. 145 S. 2)

Auf Grund des § 6 Abs. 1 Nr. 3 des Straßenverkehrsgesetzes werden mit Zustimmung des Bundesrates folgende Allgemeine Verwaltungsvorschriften zur Verordnung über Fahrlehrer im Kraftfahrzeugverkehr vom 23. Juli 1957 (Bundesgesetzbl. I S. 769) erlassen.

1. Zu § 2. Die Erlaubnisbehörde hat auf den Seiten 3 und 4 des Fahrlehrerscheins einzutragen, ob der Inhaber selbst die Fahrschulerlaubnis besitzt oder bei welcher Fahrschule er beschäftigt ist. Dabei ist zu vermerken, von welcher Behörde und unter welchem Geschäftszeichen die Fahrschulerlaubnis erteilt worden ist.

2. Zu § 3. Die Erlaubnisbehörde hat die Inhaber der Fahrlehrerlaubnis unter laufender Nummer in ein Verzeichnis (Fahrlehrerverzeichnis) einzutragen.

3. Zu § 5. Die Erlaubnisbehörde hat die Inhaber der Fahrschulerlaubnis unter laufender Nummer in ein Verzeichnis (Fahrschulverzeichnis) einzutragen.

4. Zu § 7. Im Fahrschulverzeichnis sind die Einrichtung weiterer Betriebsstellen im Bezirk der Erlaubnisbehörde und die von anderen Erlaubnisbehörden erteilten Fahrschulerlaubnisse (§ 15 Abs. 1 Nr. 4, § 16 Nr. 1 der Verordnung) zu vermerken.

5. Zu §§ 9, 10. Die nach § 68 Abs. 1 StVZO3) zuständige untere Verwaltungsbehörde hat der Erlaubnisbehörde anzuzeigen, wenn einem Inhaber der Fahrlehrerlaubnis die Fahrerlaubnis entzogen wird.

6. Zu § 12 Abs. 1. Bei Wechsel der örtlichen Zuständigkeit sind die Unterlagen an die neue Erlaubnisbehörde abzugeben. Ein Vermerk hierüber ist in das Fahrlehrerverzeichnis und gegebenfalls in das Fahrschulverzeichnis aufzunehmen.

7. Zu § 12 Abs. 2. Die örtliche Zuständigkeit geht von der für den Wohnsitz auf die für den Beschäftigungsort zuständige Erlaubnisbehörde in dem Zeitpunkt über, in dem der Fahrlehrer seine Tätigkeit aufnimmt. Entsprechendes gilt in anderen Fällen des Wechsels der örtlichen Zuständigkeit.

8. Zu § 12 Abs. 2. Betreibt der Inhaber einer Fahrschulerlaubnis mehrere Fahrschulen in verschiedenen Verwaltungsbezirken, so haben die zuständigen Erlaubnisbehörden sich gegenseitig von Amts wegen die Tatsachen mitzuteilen, die ihnen über den Erlaubnisinhaber bekannt werden.

9. Zu § 13 Abs. 1 und 2. Die Erlaubnisbehörde hat im Rahmen der laufenden Aufsicht auch die Aufzeichnungen der Fahrschulen über Art und Umfang der Ausbildung zu prüfen und sich von den Technischen Prüfstellen für den Kraftfahrzeugverkehr über die Fahrerlaubnisprüfungen der Fahrschüler berichten zu lassen. Insbesondere bei gemeinsamer Benutzung von Unterrichtsräumen und Lehrmitteln durch mehrere Fahrschulen hat die Erlaubnisbehörde darauf zu achten, daß die Fahrschüler jeder Fahrschule ordnungsgemäß ausgebildet werden.

10. Zu § 14. Die Erlaubnisbehörde ist bei der Prüfung, ob der Bewerber die Voraussetzungen des § 3 der Verordnung erfüllt, nicht auf die in § 14 der Verordnung aufgeführten Unterlagen und die Mitteilungen des Kraftfahrt-Bundesamtes beschränkt. Sie kann vielmehr von sich aus weitere Ermittlungen anstellen und hat bei ihren Entscheidungen alle amtsbekannten Umstände zu berücksichtigen.

(2) Vor Erteilung oder Erweiterung einer Fahrlehrerlaubnis oder vor der Ausfertigung einer Ersatzurkunde für den verlorenen Fahrlehrerschein hat die Erlaubnisbehörde bei dem Kraftfahrt-Bundesamt anzufragen, ob nachteilige Tatsachen über den Bewerber bekannt sind.

(3) Die Erlaubnisbehörde hat dem Kraftfahrt-Bundesamt zu benennen:
1. die Bewerber, die zur Fahrlehrerprüfung nicht zugelassen worden sind,
2. die Bewerber, die die Fahrlehrerprüfung nicht bestanden haben,
3. die Fahrlehrer, denen die Fahrlehrerlaubnis entzogen worden ist.
Dabei ist anzugeben, ob die Entscheidung unanfechtbar geworden ist. In den Fällen der Nummern 1 und 3 sind auch die Gründe für die Entscheidung mitzuteilen.

(4) Das Kraftfahrt-Bundesamt hat der Erlaubnisbehörde von Amts wegen nachteilige Tatsachen mitzuteilen, die ihm über einen Fahrlehrer bekannt werden.

11. Zu § 15. Die Erlaubnisbehörde hat die Angaben des Bewerbers in den Unterlagen nach § 15 Nr. 5, 6 und 7 der Verordnung an Ort und Stelle zu prüfen.

12. Zu § 18 Abs. 2. Die Erlaubnisbehörde nach § 18 Abs. 1 der Verordnung hat dem Bediensteten, der Inhaber einer Fahrlehrerlaubnis nach dieser Bestimmung ist oder war, bei seinem Ausscheiden die Dauer der Fahrlehrertätigkeit im öffentlichen Dienst und den Grund ihrer Beendigung zu bescheinigen.

13. Zu § 19. Die Erlaubnis nach § 19 der Verordnung soll in der Regel auf drei Monate befristet werden.

14. Zu § 20 Abs. 1. In die nach bisherigem Recht erteilten Fahrlehrerscheine sind die Angaben nach Nummer 1 dieser Allgemeinen Verwaltungsvorschriften einzutragen.

15. Zu § 20 Abs. 2. Die Erlaubnisbehörde hat nach Ablauf der in § 20 Abs. 2 Satz 3 der Verordnung bestimmten Frist an Ort und Stelle zu prüfen, ob der Fahrschulbetrieb den Vorschriften der Anlage 3 entspricht.

16. Zu § 4 Prüfungsordnung. Der Vorsitzende bestimmt die Mitglieder des Prüfungsausschusses, die die Aufgaben für die schriftliche Prüfung zu stellen und über deren Bearbeitung durch den Bewerber dem Prüfungsausschuß zu berichten haben.

17. Zu § 5 Prüfungsordnung. Über die praktische Prüfung ist eine Niederschrift zu fertigen.

18. Zu § 6 Prüfungsordnung. Der Vorsitzende bestimmt die Mitglieder des Prüfungsausschusses, die die Themen für die Lehrprobe vorschlagen. Über die mündliche Prüfung ist eine Niederschrift zu fertigen.

19. Zu § 7 Prüfungsordnung. Der Vorsitzende des Prüfungsausschusses übersendet der Erlaubnisbehörde nach Abschluß der Prüfung die Prüfungsunterlagen mit dem Bericht des Ausschusses. Die Erlaubnisbehörde gibt das Prüfungsergebnis dem Bewerber bekannt.

Nr 2. Die Sachverständigenverordnung ersetzt die Nr 10 des Anhangs, Seite 1210 des Buches.

10. Verordnung über amtlich anerkannte Sachverständige und amtlich anerkannte Prüfer für den Kraftfahrzeugverkehr (Kraftfahrsachverständigen-Verordnung)

vom 10. November 1956 (BGBl I S 855)

Entstehungsgeschichte. Zunächst hatte eine Bek des RVM v 5. 12. 25, RMinBl 1387, in ihrer mit Zustimmung des RReichsrats gegebenen Anlage 5 die „Anforderungen an die Sachverständigen für die Prüfung von Kfzn und KfzFührern" aufgestellt. Später erging eine selbständige „Verordnung über die Anerkennung von Sachverständigen im Kraftfahrzeugverkehr v 22. 10. 34, RGBl I 1065, neugefaßt 13. 11. 37, RGBl I 1254. Unmittelbarer Vorgänger der nunmehrigen Regelung war die „Verordnung über Sachverständige für den Kraftfahrzeugverkehr" v 6. 1. 40, RGBl I 23 mit Ergänzung v 24. 3. 51, BGBl I 240.

Die V 14. 3. 56, BGBl I 199 hatte den bei der ersten Regelung des Kraftverkehrsrechts aufgestellten Grundsatz verlassen, als Sachverständiger für den Kraftverkehr könne nur tätig werden, wer ein Hochschulstudium abgeschlossen habe; 6 zu § 10 StVZO. Für Tätigkeiten, die geringere Anforderungen stellen, wurden nun auch Sachverständige minderer Fachkunde, Prüfer genannt, zugelassen mit einem der Vorbildung angepaßten Geschäftsbereich; 12 zu § 3 StVZO; er ist nicht in dieser V festgelegt, sondern ergibt sich aus §§ 3, 10—12, 15 und 29 StVZO. Diese Umgestaltung des Sachverständigenwesens war der äußere Anlaß zur Ersetzung der V 6. 1. 40 durch die Neuregelung.

Vorbemerkung

Die Ausführungen bei A IIb, III u IV, B, C u D gelten auch für die „Prüfer".

A. Tätigkeit des aaS.

I. Im Zulassungsverfahren.

a) Bei Einzelzulassung (§ 21 StVZO), zB eines Eigenbaus; hier bestätigt der aaS gutachtlich auf Ersuchen des Interessenten die Vorschriftsmäßigkeit des Fzs; dieses Gutachten ist die technische Unterlage für den behördlichen Akt der Erteilung der Betriebserlaubnis.

b) Bei der allgemeinen Betriebserlaubnis (§ 20 StVZO). Wer reihenweise („Typ") Fze anfertigen will, läßt sich vom aaS bestätigen, daß die geplante Bauart den gesetzlichen Anforderungen entspricht. Auf Grund des Gutachtens kann die Behörde den Typ gutheißen. — Hier kann auch die Behörde selbst den aaS mit der Prüfung des geplanten Typs beauftragen; die Behörde handelt dann für den Interessenten, dem an sich Beschaffung des Gutachtens obliegt.

II. Im Verfahren zur FzÜberwachung.

a) Wird nach Beanstandung des Fzs dem Halter anheimgegeben, die Beseitigung des Mangels durch Gutachten des aaS nachzuweisen, so wendet er sich an diesen und legt dann dessen Gutachten der Behörde vor.

b) Läßt die Behörde aGrd § 29 StVZO ein Fz prüfen, so ist sie es, die dem aaS den Auftrag gibt; der Interessent wird hier nicht initiativ tätig, sondern hat nur die behördlich angeordnete Maßnahme zu dulden; seine Mitwirkung besteht höchstens in der Vorführung des Fzs beim aaS; unterbleibt auch diese, so untersucht der aaS das Fz beim Interessenten selbst.

III. Im Verfahren zur Prüfung von KfzFührern aGrd §§ 10, 11 StVZO.
Der aaS prüft den Bewerber und händigt ihm den FSchein aus, dessen Besitz Voraussetzung zur Teilnahme am öff Verkehr als KfzFührer ist.

IV. Im Verfahren zur Prüfung von VerkTeilnehmern allgemein nach § 3 und von KfzFührern nach § 15b StVZO gilt sinngemäß IIb.

B. Rechtsstellung des aaS bei A I und II.

Nach § 11 der V ist der aaS Angehöriger einer technischen „Prüfstelle", und diese ist Bestandteil eines „Technischen Überwachungsvereins". Das sind Vereine des bürgerlichen Rechts; zust BayObLGSt 55, 89 (3. 5. 55), die innerhalb der Straßenverkehrsgesetzgebung

Funktionen, aber nicht behördlicher Art haben, deren Angehörige nicht in Ausübung eines öff Amtes handeln; sie sind auch nicht behördliches Hilfsorgan der Behörde; zust ObLG aaO; der TÜV ist keine öff Behörde. — Die dem aaS zugewiesene Tätigkeit liegt auf rein technischem Gebiet und besteht im Begutachten; sie bereitet behördliche Entscheidungen vor, im Zulassungsverfahren, wie bei der Nachprüfung bereits zugelassener Fze und (ex lege oder mit Fahrerlaubnis) bereits zugelassener VerkTeilnehmer.

Die Beziehungen des aaS zum Interessenten sind privatrechtlich; im Zulassungsverfahren (A I), wie bei der auf Beanstandung erforderlichen Begutachtung (A II a) besteht ein Vertragsverhältnis (Werkvertrag). Bei der Nachprüfung A II b — Gleiches gilt für A IV — ist die Initiative bei der Behörde; sie erfüllt mit dem Auftrag zur Nachprüfung eine Amtspflicht; aber damit wird die Tätigkeit des aaS nicht zur Ausübung hoheitlicher Befugnisse; diese liegen ausschließlich bei der Behörde; die Tätigkeit des aaS bleibt technisch-begutachtend. Zust. OVG Lünbg 2. 6. 54, IV A 145. 53: Rechtsbeziehungen zwischen aaS und FzHalter bestehen hier nicht. Die Vergütung für die von ihr angeordnete Tätigkeit des aaS hat die beauftragende Behörde ihm zu zahlen; Lünbg aaO und 3 zu § 29 StVZO.

Abnehmen der Führerprüfung (A III) ist (eigene) Wahrnehmung hoheitlicher Aufgaben: OVG Münster 22. 6. 54, NJW 1663.

C. Haftung bei A I, II und IV.

I. Da TÜV und aaS kein öff Amt ausüben, fällt Amtshaftung (§ 839 BGB, Art 34 GG) weg.

II. Verschuldenshaftung des aaS besteht nach § 823 BGB; der TÜV hat die Entlastungsmöglichkeit des § 831 BGB.

III. Vertragshaftung (§§ 276, 278 BGB) besteht in den Fällen A I und II a. — In dem bei A I b Satz 3 behandelten Ausnahmefall direkter Beauftragung des aaS durch die Behörde mit der Typprüfung macht die Behörde im Verhältnis zum Interessenten von ihrer gesetzlichen (§ 20 II 2 StVZO) Befugnis Gebrauch, tritt also mit gesetzlicher Ermächtigung auf mit Wirkung für und gegen den Interessenten; dieser wird aus dem Auftreten der Behörde, aus dem auf Erstattung des Gutachtens gerichteten Werkvertrag, berechtigt und zur Zahlung der Sachverständigengebühren (Art II des Anhangs 9 dieses Buches) verpflichtet.

IV. In den Fällen A II b und IV besteht kein Vertragsverhältnis. Hier kommt (neben der selbstverständlichen Verantwortlichkeit des aaS aus § 823 BGB) Haftung des TÜV nur aus § 831 BGB in Frage. Verletzung der dem aaS — hinsichtlich des von ihm zu untersuchenden, also seiner Obhut anvertrauten (ggf auch probeweise zu fahrenden) Fzs — obliegenden Sorgfaltspflicht rechtfertigt entsprechende Anwendung des § 278 BGB gegenüber dem TÜV; will man das nicht annehmen, so gilt § 831 BGB.

Abweichende Meinung Celle 9. 2. 53, MDR 676. Der TÜV (als bürgerlichrechtlicher Verein) hafte nicht für Versehen seiner Angestellten bei Ausübung der Tätigkeiten aus §§ 10, 11, 21 u 29 StVZO; Gutachtertätigkeit des aaS sei Ausübung eines öff Amtes, seine Dienstverrichtungen entsprängen der hoheitlichen Natur des Staates und lägen im Rahmen hoheitlicher Betätigung; dazu BayObLGSt 55, 89 (3. 5. 55). Einen Vertragsanspruch verneint OLG Celle, weil es die Sachverständigentätigkeit als Amtshandlung wertet. Aber aus dieser Wertung folge auch kein Anspruch aus Art 34 GG, § 839 BGB, weil die „Körperschaft", in deren Dienst ein „Beamter" (im Haftungssinn) stehe, nur eine juristische Person des öff Rechts sein könne, also nicht ein bürgerlichrechtlicher Verein. Haftbar anstelle des (mit Hoheitsbefugnissen ausgestatteten) TÜV sei die Stelle, die ihm die Aufgaben (gutachtliche Tätigkeit übertragen habe. Eine Haftung des TÜV aus §§ 31, 831 BGB verneint das OLG ebenfalls. — RevUrteil dazu, BGH 18, 110 (11. 7. 55, NJW 1316), läßt offen, ob Bescheinigung des aaS nach § 21 Satz 2 StVZO Ausübung hoheitlicher Befugnisse ist. Selbst bei Bejahung sei seine Bescheinigung unrichtiger Angaben des Briefs als richtig — im Verhältnis zu einem späteren Erwerber des Fzs — keine Verletzung einer ihm einem Dritten gegenüber obliegenden Amtspflicht.

D. Meldepflicht gegenüber der Behörde bei im Prüfungsverfahren (§ 29 StVZO) beobachteten Unregelmäßigkeiten?: 2 zu § 27 StVZO.

Auf Grund des § 6 Abs. 1 Nr. 3 und des § 27 Abs. 3 des Straßenverkehrsgesetzes vom 19. Dezember 1952 (Bundesgesetzbl. I S. 837)[2]) wird mit Zustimmung des Bundesrates verordnet:

§ 1. Der amtlich anerkannte Sachverständige[1]) für den Kraftfahrzeugverkehr (Sachverständiger) und der amtlich anerkannte Prüfer für den Kraftfahrzeugverkehr (Prüfer) bedürfen der Anerkennung nach dieser Verordnung.

(2) Die Anerkennung

1. als Sachverständiger berechtigt, alle[4]) Aufgaben[2]) wahrzunehmen, die im Straßenverkehrsrecht[3]) den amtlich anerkannten Sachverständigen oder den amtlich anerkannten Prüfern übertragen sind;
2. als Prüfer berechtigt, alle Aufgaben wahrzunehmen, die im Straßenverkehrsrecht den amtlich anerkannten Prüfern übertragen sind. Sie kann auf die Abnahme von Prüfungen für Fahrerlaubnisse[4]), auch einzelner Klassen, beschränkt werden.

---

1) Abs 1 ist unklar; bis 1956 hatte er gelautet:

Als amtlich anerkannter Sachverständiger im Sinne der gesetzlichen Vorschriften über den Straßenverkehr . . . gilt, wer vom Reichsverkehrsminister als Sachverständiger für den Kraftfahrzeugverkehr anerkannt worden ist.

Nach der Neufassung bedarf „der amtlich anerkannte Sachverständige" der Anerkennung. Jede Gesetzesauslegung muß vom Wortlaut ausgehen; „der anerkannte . . ." ist jemand, der anerkannt worden ist, die Anerkennung bereits hat. Wollte man (willkürlich) „der anerkannte . . ." umdeuten in „der anzuerkennende . . .", dh der Anzuerkennende bedürfe der Anerkennung, so wäre die Vorschrift als reine Tautologie inhaltlos. Sinn und Zweck der Verordnung und ihr weiterer Inhalt legen die Annahme nahe, geregelt werden solle die Erteilung der Anerkennung an neue Bewerber. Aber nach dem Wortlaut soll gerade der Anerkennung bedürfen, wer anerkannt ist; und daß dies in der Tat gemeint ist, folgt aus § 20; diese Vorschrift regelt die Anerkennung dessen, der bei Inkrafttreten der V schon anerkannt ist, für seine Betätigung nach Inkrafttreten und gewährt ihm dafür Erleichterungen; § 20 bringt also eine Ausnahmebehandlung von dem Grundsatz des § 1 Abs 1; nach diesem könnte sich der bereits Anerkannte gegenüber der Neuregelung nicht auf sein erworbenes Recht berufen; dies ermöglicht ihm nun aber § 20 in beschränkter Weise. Bei solcher Auslegung wird auch die zunächst dem Wortlaut des Abs. 1 zu entnehmende Folgerung vermieden, daß der schon Anerkannte, soweit er die Voraussetzungen der neuen Regelung etwa nicht erfüllte, zB § 2 I 4, Halbs 1, sie nachholen müßte. — § 20 hat die hier vertretene Auslegung des § 1 Abs 1 zur Voraussetzung, daß nämlich auch der schon Anerkannte der Anerkennung bedarf; müßte er nicht die Anerkennung nach der neuen Regelung noch nachsuhen, so wäre § 20 entbehrlich.

Die V, insb ihre §§ 1, 6, 7 I, zeigen, daß sie entgegen dem Wortlaut des Abs 1 auch die erstmalige (neue) Anerkennung regeln will. Würde man den Abs 1 nach seinem Wortlaut nur auf schon anerkannte Sachverständige beziehen, so wäre ja, da die V von 1940 außer Kraft getreten ist, § 23 II, für die Anerkennung neuer Bewerber eine vom Gesetzgeber sicher nicht gewollte Lücke eingetreten.

Also betrifft § 1 Abs 1: 1) den schon nach bisherigem Recht Anerkannten, 2) den neuen Bewerber um eine Anerkennung. Im Zusammenhang mit § 20 ist die Regelung so zu verstehen:

(1) Wer als Sachverständiger oder Prüfer im Sinne der gesetzlichen Regelung des Straßenverkehr tätig werden will,

oder

(1) Wer die in der gesetzlichen Regelung des Straßenverkehrs dem Sachverständigen oder Prüfer zugewiesenen Aufgaben wahrnehmen will,
bedarf behördlicher Anerkennung nach dieser Verordnung.

(2) Wer als „amtlich anerkannter Sachverständiger" (oder „Prüfer") nach Inkrafttreten dieser Verordnung weiter tätig bleiben will, bedarf für die . . . usw. wie § 20.

Solche Auslegung würde einem Entwurf entsprechen, der gelautet hatte:

§ 1. Wer als amtlich anerkannter Sachverständiger für den Kraftfahrzeugverkehr oder als Prüfer für den Kraftfahrzeugverkehr tätig sein will, bedarf der Anerkennung.

§ 21. Die bei Inkafttreten dieser Verordnung amtlich anerkannten Sachverständigen für den Kraftfahrzeugverkehr bedürfen keiner neuen Anerkennung nach dieser Verordnung.

2) Aufgaben: Oben Entstehungsgeschichte und Vorbem; 12 zu § 3, 6 zu § 10 je StVZO.

3) Im StraßenVR überhaupt, also nicht nur im derzeitigen, sondern auch in zukünftigen Regelungen.

4) 11 zu § 2. Die Anerkennung des aaS ist umfassend, nicht beschränkbar; 4 zu § 2.

§ 2. Die Anerkennung[1]) wird[2]) erteilt, wenn der Bewerber

1. geistig und körperlich geeignet und mindestens 24 Jahre alt ist;
2. persönlich zuverlässig[3]) ist;
3. Die Fahrerlaubnis für Kraftfahrzeuge aller[4]) Klassen für Verbrennungsmaschinen hat;
4. in einem Kraftfahrzeugbetrieb[5]) oder einer Kraftfahrzeugfabrik mindestens eine zweijährige Ingenieurtätigkeit ausgeübt hat; dabei kann eine Tätigkeit[6]) bei einer technischen Prüfstelle für den Kraftfahrzeugverkehr bis zu einem Jahr angerechnet werden;
5. einer technischen Prüfstelle für den Kraftfahrzeugverkehr angehört[7]);
6. gegen Haftpflicht wegen aller bei Ausübung[8]) seiner Tätigkeit als Sachverständiger oder Prüfer verursachten Sach- und Personenschäden versichert ist — dies gilt nicht für Bedienstete des Bundes, der Länder und Gemeinden —;

7. die Prüfung seiner fachlichen Eignung und Sachkunde nach der anliegenden Prüfungsordnung (Anlage 1) bestanden hat.

(2) Außerdem muß

1. ein Bewerber um die Anerkennung als Sachverständiger ein Studium[9]) des Maschinenbaufachs oder der Elektrotechnik an einer deutschen oder an einer als gleichwertig anerkannten ausländischen Technischen[10]) Hochschule oder Universität,
2. ein Bewerber um die Anerkennung als Prüfer eine Ausbildung im Maschinenbaufach oder in der Elektrotechnik an einer staatlich anerkannten deutschen oder an einer als gleichwertig anerkannten ausländischen Ingenieurschule

abgeschlossen haben.

(3) Für die Anerkennung als Prüfer, die auf die Prüfungen für Fahrerlaubnisse, auch einzelner Klassen, beschränkt wird[11]), genügt an Stelle der Voraussetzungen zu Absatz 1 Nr. 4 eine praktische Tätigkeit im Straßenverkehrswesen von mindestens 5 Jahren, die zum Erwerb ausreichender Erfahrungen für die Tätigkeit als Prüfer geeignet erscheint. Eine Ausbildung nach Absatz 2 ist nicht erforderlich.

---

1) Abs 1 gilt für die Anerkennung beider Arten, Sachv und Prüfer.

2) IGgsz V 1940 wird, in Anpassung an das GG, dem Bewerber ein Rechtsanspruch auf Anerkennung gegeben; wirtschaftlich erforderliche Beschränkung des Andrangs ermöglicht § 2 I 5.

§ 1 Abs 1 gilt (s dort) grundsätzlich auch für die bei Inkrafttreten der V schon anerkannten Sachv und Pr; aber von nachträglicher Erfüllung etwa fehlender Anforderungen, zB Nr. 4, stellt sie § 20 frei.

3) Vgl § 3 FahrlehrerV, § 9 PBG, § 10 GüKG.

4) Nach den früheren Regelungen war zugelassen, auf den Antrag des Bewerbers dessen Aufgabenkreis zu beschränken, zB auf Betriebsarten und Klassen. Jetzt ist solche Beschränkung beim „Sachverständigen" nicht mehr vorgesehen, iGgsz Prüfer, wie auch § 1 II 2 und § 2 I 3 ergeben. Will die PrüfSt, der der Bewerber angehört (Nr 5), entsprechend ihren Bedürfnissen und ihrer Geschäftsverteilung, dem Sachv nur einen beschränkten Aufgabenkreis zuweisen, so kann sie nicht etwa bei der LBehörde einen entsprechenden Antrag stellen — Antragstellung ist nicht ihre, sondern Sache des Bewerbers, § 5, und der Antrag ist nicht teilbar —; sie muß im Anstellungsvertrag eine entsprechende Regelung treffen.

5) Kraftfahrzeugbetrieb ist ein Unternehmen, das Kfze „betreibt"; vgl B zu 1 StVG. Daß die Fze für andere, zu gewerbsmäßiger Pers- oder Güterbeförderung betrieben werden, ist nicht erforderlich. Werkstätten sind keine KfzBetriebe.

6) Die Tätigkeit des 2. Halbs muß, wie die Anknüpfung „dabei" ergibt, Ingenieurtätigkeit sein. Ausnahme für Prüfer: Abs 3, allgemein: § 19.

7) Früher waren die aaS „verpflichtet, einer . . . Prüfstelle anzugehören"; jetzt wird umgekehrt die Anerkennung nur einem bereits einer PSt angehörenden Bewerber erteilt; s. auch § 6 Nr 4, § 7 II. — Behördliche Anforderung von SachvTätigkeit (aaS oder Pr) wird idR wegen Nr 5 über die techn PSt erfolgen; vorgeschrieben ist das in Nr 5 nicht. — Örtlicher Tätigkeitsbereich: § 3.

8) „Bei Ausübung" ist weiter als „in Ausführung" des § 831 BGB („in Ausübung" des Art 34 GG); wenn die Ausdrucksweise dieser beiden Gesetze verlassen worden ist, so wird hier auch Schadenszufügung nur gelegentlich der sachverständigen Tätigkeit getroffen; es genügt ein nur äußerer Zusammenhang mit der Tätigkeit. Der Ausnahme für Behördenbedienstete kann Gegenteiliges nicht entnommen werden.

Auch im Grundgedanken läßt Nr 6 Zweifel: Erstmalig wird hier Versicherung gefordert, unklar ist, wogegen. Gegen „Haftpflicht" ist seit dem PflVG 1939 (G zu § 7 III StVG) grundsätzlich jeder KfzHalter (mit seinem berechtigten Fahrer) zu versichern; für den bei der Tätigkeit des Sachv o Pr einem unbeteiligten Dritten entstandenen Schaden bedeutet das bei Benutzung eines eigenen Kfzs des Sachv oder eines Kfzs der Prüfstelle, daß eine HaftpflVers bereits besteht; und fährt der Sachv aGrd eines behördlichen Auftrags, zB nach § 29 StVZO, ein zu prüfendes Fz, so ist er dessen Halter gegenüber der (durch den Auftrag) berechtigte Fahrer; die Vers des Halters tritt also für Schaden ein. Denkbar ist nun noch ein durch den Sachv schuldhaft verursachter Schaden am geprüften Fz selbst; das ist kein Haftpflichtschaden; ob eine Haftung des Sachv selbst oder der Behörde besteht, richtet sich nach den in der Vorbem behandelten allgemeinen Haftungsgrundsätzen. Daß etwaige Ansprüche aus dieser Haftung mit der Anordnung einer Haftpflichtvers getroffen werden sollten, ist kaum anzunehmen. Es ist kein Grund ersichtlich, weshalb Nr 6 nicht „Haftung" hätte sagen sollen. Daß versicherungsrechtlich zwischen Haftung und Haftpflicht vielfach nicht unterschieden wird, kann zur Auslegung des im StraßVerkRecht festliegenden Begriffes Haftpflicht in einem StraßVerkGesetz nicht herangezogen werden. Den gesetzlich geforderten Umfang der VersPflicht bestimmt ausschließlich das VerkRecht; darüber hinausgehende Vers ist unbenommen. — Auch die Ausnahme am Ende der Nr 6 lehnt sich deutlich an die Regelung des § 2 PflVG an. — Eine Schadenszufügung „bei Ausübung der Tätigkeit als Sachv o Prüfer" ist endlich denkbar, wenn diese Personen bei Abnahme der Führerprüfung (§ 11 StVZO) durch Eingreifen in deren Ablauf mittels Weisung an den Fahrlehrer (§ 3 II StVG, § 6 I StVZO) etwa dem Prüfling oder dem Fahrlehrer Schaden zufügen. Hier hätte eine Versicherung des Prüfenden Bedeutung, wenn sich die Prüfstelle aus § 831 BGB entlasten würde. Aber gerade für solche Fälle besteht ja bereits eine umfassende und uneingeschränkte Versicherung zugunsten der Prüfstellen und ihrer Angehörigen.

9) Daß Studium (Nr 1) und Ausbildung (Nr 2) durch erfolgreiche Prüfung abgeschlossen sein müssen, folgt zwar nicht aus dem Wortlaut des Abs 2, aber aus § 6 Nr 5 und § 19.

10) „Technischen" gehört offenbar auch zu „Universität"; so auch, nämlich „. . . ausländischen technischen Hochschule oder technischen Universität", ein früherer Entwurf. Andernfalls wäre gesagt worden „ausländischen Universität oder Technischen Hochschule". Die Streichung des zweiten „technischen" hatte offenbar sprachliche Gründe. Wo außerhalb des Geltungsbereichs der V in einer Universität genannten Hochschule auch Technik gelehrt wird, gilt Nr 1. — „Anerkannt": offenbar von der zur Ausführung der V berufenen LBehörde; sie ist, mangels bundesrechtlicher Regelung, weder an allgemeine Anerkennung ausländischer Bildungsanstalten gebunden, noch an die Auffassung der Behörden anderer Länder der DBRepublik.

11) Fahrerlaubnis ist gesetzestechnischer Fachausdruck für die gesetzlich vorgeschriebene behördliche Ermächtigung zum Führen der (erlaubnispflichtigen) Kfze. Der nach Abs 3 beschränkt anerkannte (§ 1 II 2) Prüfer ist also auf die Tätigkeit nach §§ 10—12, 15 StVZO beschränkt; zur Mitwirkung nach § 3 aaO kann er nicht herangezogen werden; ebensowenig nach § 29.

§ 3. Der Sachverständige und der Prüfer dürfen ihre Tätigkeit nur im Bezirk der technischen Prüfstelle für den[1]) Kraftfahrzeugverkehr ausüben, der sie angehören. Sie haben ihre Aufgaben unparteiisch auszuführen und dürfen von der Zahl und dem Ergebnis der Prüfungen wirtschaftlich nicht abhängig sein. Die Gebühren[2]) oder das Entgelt für ihre Prüftätigkeit[3]) stehen der technischen Prüfstelle zu[4]).

1) Wechseln der Prüfstelle: 2 zu § 5.
2) Art II der Gebührenordnung, Anhang 9 des Buches.
3) Private Tätigkeit außerhalb des gesetzlichen Aufgabenkreises kann durch Anstellungsvertrag ausgeschlossen werden. S aber Vorbem A I und II a und C.
4) Vorbem B.

§ 4. Der Sachverständige und der Prüfer erhalten von der zuständigen Landesbehörde einen Ausweis. Dieser ist an die ausstellende Behörde zurückzugeben, wenn die Anerkennung ruht[1]), widerrufen wird oder erlischt.

1) Ruhen: § 10 I; erlöschen: § 10 II; von widerrufen spricht die V sonst nicht; gemeint ist hier wohl die Entziehung nach § 9 I. — Daß die Anerkennung erlischt, wenn ihr Inhaber seine Tätigkeit in die Prüfstelle eines anderen deutschen Landes verlegt, also in den Bezirk einer anderen, der „zuständigen Landesbehörde" entsprechenden Behörde eines anderen Landes, ist nicht bestimmt, folgt aber aus allg Verwaltungsgrundsätzen über die örtlichen Grenzen derartiger Verwaltungmaßnahmen. Das Gegenteil, etwa wie in § 2 I StVG, § 68 II 3 StVZO, ist nicht bestimmt worden. Ein früherer Entwurf hatte ausdrücklich besagt, die Anerkennung erteile die oberste Landesbehörde, „in deren Bezirk der Bewerber tätig werden will, für ihren Bezirk".

§ 5. Die zuständige Landesbehörde erteilt[1]) auf Antrag des Bewerbers die Anerkennung als[2]) Sachverständiger oder als Prüfer.

1) Bedeutung des § 5 zweifelhaft: Als Zuständigkeitsregelung wäre er überflüssig, da ohnehin nach Art 83 GG Bundesgesetze von den Ländern ausgeführt werden. Ist er eine Verfahrensregelung, so wäre zu erwägen: Daß die Behörde nur auf Antrag tätig wird, brauchte nicht gesagt zu werden; also legt § 5 nur den Antragsteller fest; nicht, was naheläge, die Prüfstelle des Bewerbers, § 2 I 5, soll für diesen ihren Angehörigen den Antrag stellen, sondern dieser selbst. Solcher Verfahrensregelung entspricht, daß die Behörde von der Prüfstelle eine Begutachtung einfordern muß. Wäre die Prüfstelle zur Beantragung berufen, so wäre die Begutachtung Antragsinhalt.
2) Wechselt der Anerkannte seine Prüfstelle, so bedarf es keiner neuen Anerkennung: Erklärt wird die Anerkennung nicht gegenüber der PSt, sondern gegenüber dem Bewerber (Antragsteller); erteilt wird sie ihm als „Sachverständiger" oder „Prüfer" schlechthin, nicht als solcher bei einer (bestimmten) Prüfstelle. In diesem Gedankengang ist auch der Antrag vom Bewerber zu stellen und wird in § 2 I 5, § 6 Nr 4 von „einer" technischen PSt gesprochen. S auch § 7 II.

§ 6. In dem Antrag hat der Bewerber anzugeben, ob er als Sachverständiger oder als Prüfer anerkannt werden will. Beizufügen sind

1. ein handgeschriebener Lebenslauf mit Lichtbild;
2. amtlich beglaubigte Abschriften der Führerscheine;
3. Unterlagen für den Nachweis der praktischen Tätigkeit (§ 2 Abs. 1 Nr. 4 oder § 2 Abs. 3);
4. eine Bescheinigung über die Zugehörigkeit zu einer technischen Prüfstelle für den Kraftfahrzeugverkehr;
5. Unterlagen über den Nachweis des Hochschul- oder Ingenieurschulabschlusses (§ 2 Abs. 2);
6. eine Bestätigung einer Haftpflichtversicherung (§ 2 Abs. 1 Nr. 6).

§ 7. Die zuständige Landesbehörde hat vor der Anerkennung eine Auskunft des Kraftfahrt-Bundesamtes und einen Strafregisterauszug über den Bewerber[1]) einzuholen.

(2) Sie hat eine Beurteilung des Bewerbers von der technischen Prüfstelle für den Kraftfahrzeugverkehr einzuholen, bei der der Bewerber beschäftigt war oder[2]) ist.

1) S § 8 III.
2) Nach § 2 I 5 muß der Bewerber einer Prüfstelle angehören, nämlich zZ der Bewerbung. „War oder" trägt offenbar dem Fall Rechnung, daß der Bewerber erst kürzlich zu einer Prüfstelle übergegangen ist, bei der er nun Sachv (Prüfer) werden will. — Auch Abs 2 zeigt, daß die Anerkennung nicht an der PSt haftet; 2 zu § 5.

§ 8. Der Bewerber ist schriftlich mit dem Hinweis auf die Prüfungsordnung zur Prüfung zu laden.

(2) Das Ergebnis der Prüfung, die amtliche Anerkennung, ihr Erlöschen und ihr Widerruf sind von der zuständigen Landesbehörde dem Kraftfahrt-Bundesamt mitzuteilen.

(3) Das Kraftfahrt-Bundesamt hat der zuständigen Landesbehörde von Amts wegen die Tatsachen mitzuteilen, die ihm über einen Sachverständigen oder einen Prüfer bekannt werden.[1])

---

[1]) Abs 3 betrifft (nur) den bereits Anerkannten; von dem Bewerber handelt § 7 I; die dort vorgeschriebene Auskunft des KBA betrifft nur solche Tatsachen, die dem KBA im Zusammenhang mit dem Erfordernis des § 2 I 3 — § 13 StVZO, § 12 IV BOKraft — bekannt geworden sind. Für § 8 III gilt diese Einschränkung nicht.

§ 9. Die Anerkennung als Sachverständiger oder als Prüfer ist zu entziehen[1]), wenn Tatsachen[2]) bekannt werden, aus denen sich ergibt, daß die Voraussetzungen[3]) für die Anerkennung nicht vorhanden waren oder nicht mehr gegeben sind.

(2) Die zuständige Landesbehörde kann[4]) bei Entziehung der Fahrerlaubnis wegen körperlicher Mängel davon absehen, die Anerkennung zu entziehen, oder die Anerkennung auf die Wahrnehmung bestimmter Aufgaben beschränken.

---

[1]) § 9 behandelt als „Entziehung", was § 4 „Widerruf" nennt. Ein früherer Entwurf behandelte einheitlich den „Widerruf"; warum in § 9 (und in § 10 des 2. Entwurfs) „Widerruf" in „Entziehung" geändert wurde, ist nicht ersichtlich. — Nach § 1 VII der V 1940 konnte die Anerkennung bei Fortfall ihrer Voraussetzungen entzogen werden; jetzt (so auch schon der 1. Entwurf!) muß sie es. Die amtl Begr besagt zum jetzigen § 9 Abs 1: „Keine Änderung der bestehenden Bestimmung."

[2]) Vgl § 2 I 2 StVG; § 12 I StVZO.

[3]) § 2, insb dort Abs I Nr 3; dazu D I d zu § 4 StVG.

[4]) Die Entziehung ist Ermessensentscheidung nur im Rahmen des Abs 2, abhängig von der Frage des Weiterbestehens der (oder einer, s Schlußworte!) Eignung trotz des körperlichen Mangels.

§ 10. Die Anerkennung ruht, wenn dem Sachverständigen oder dem Prüfer die Fahrerlaubnis nach § 111a der Strafprozeßordnung[1]) vorläufig entzogen ist.

(2) Die Anerkennung erlischt[2]), wenn die Fahrerlaubnis nach § 42m des Strafgesetzbuchs[3]) rechtskräftig entzogen wird.

---

[1]) D III zu § 4 StVG. [2]) Vorbem bei § 4 StVG.

[3]) Voraussetzung der Anerkennung ist (§ 2 I 3) Fahrerl des Bewerbers für alle Klassen; nach § 9 wird die Anerkennung entzogen, wenn die Voraussetzungen ihrer Erteilung nicht mehr bestehen; darüber hinaus erlischt die Anerkennung (von selbst), wenn die Fahrerl (als deren Voraussetzung) durch ihre gerichtliche Entziehung nicht mehr besteht. Das Strafurteil beseitigt also die Entscheidung (Anerkennung) der VerwBehörde, und es bedarf eines neuen Anerkennungsverfahrens, für das die V keine Erleichterungen zuläßt. Bis zu erneuter Anerkennung keine Tätigkeit als Sachv (Prüfer); idR wird damit auch dem Anstellungsverhältnis innerhalb der Prüfstelle der Boden entzogen sein, wenn nämlich der Betroffene gerade als Sachv (Prüfer) angestellt gewesen war. Entzieht dagegen die VerwBehörde die FE, so fällt damit nicht ohne weiteres auch die Anerkennung; sie muß erst entzogen werden; § 9 I.

§ 11. Die Sachverständigen und die Prüfer sind in technischen Prüfstellen für den Kraftfahrzeugverkehr zusammenzufassen.[1])

---

[1]) Nach § 2 I 5 muß der Bewerber einer Prüfstelle angehören; dieses Erfordernis gilt also für den Zeitpunkt der Bewerbung; nach § 3 dürfen Sachv (Prüfer) nur im Bezirk der PSt tätig werden, der sie angehören; dieses Erfordernis gilt also von der Anerkennung an für die ganze Zeit der Tätigkeit. — Demgegenüber ist die Forderung des § 11 unklar; nach seinem Vorbild in § 3 V 1940 waren die nach dieser V anerkannten Sachv verpflichtet, der PSt anzugehören, in deren Bezirk sie tätig werden wollten, mußten sich somit nach ihrer Anerkennung in die betreffende PSt eingliedern, dh bei ihr anstellen lassen. IGgs zur bisherigen Begelung ist nun jetzt bereits Voraussetzung der Anerkennung die Zugehörigkeit zu einer PSt, und so ist die in § 11 wiederholte frühere Regelung überholt.

Die Begründung (zu jetzt §§ 11 u 12) besagt, zu § 11, wie gezeigt, unrichtig: „Die Fassungen entsprechen den bisherigen Bestimmungen; die Änderungen haben nur redaktionelle Bedeutung."

§ 12. Die zuständige Landesbehörde bestimmt die Stelle, die die Aufgaben der technischen Prüfstelle für den Kraftfahrzeugverkehr wahrnimmt, und deren örtliche Zuständigkeit; der Zweck dieser Stelle darf nicht auf einen wirtschaftlichen Geschäftsbetrieb gerichtet sein.

§ 13. Die zuständige Landesbehörde übt die Aufsicht über die technischen Prüfstellen aus.

(2) Die zuständige Landesbehörde kann eine Geschäftsanweisung für die technischen Prüfstellen erlassen.

§ 14. Die technische Prüfstelle hat für die Durchführung ihrer Aufgaben eine Geschäftsordnung zu erlassen, die der Genehmigung der zuständigen Landesbehörde bedarf.

§ 15. Der Leiter der technischen Prüfstelle und sein Stellvertreter müssen Sachverständige sein. Sie bedürfen der Bestätigung der zuständigen Landesbehörde.

§ 16. Für die technische Prüfstelle sind Sachverständige und Prüfer sowie Hilfskräfte in der erforderlichen Zahl anzustellen und die notwendigen Einrichtungen zur Verfügung zu stellen. Die technische Prüfstelle hat die Erfahrungen im kraftfahrtechnischen Prüf- und Überwachungswesen zu sammeln, auszuwerten und an die zuständige Landesbehörde weiterzugeben.

(2) Die zuständige Landesbehörde kann der technischen Prüfstelle weitere Aufgaben übertragen.

§ 17. Die technische Prüfstelle hat die ordnungsgemäße Durchführung der den Sachverständigen und den Prüfern übertragenen Aufgaben zu überwachen. Sie hat darüber und über Tatsachen, die für die Anerkennung von Bedeutung sind, der zuständigen Landesbehörde nach Weisung zu berichten.

§ 18. Der Bundesminister des Innern, der Bundesminister für Verteidigung, der Bundesminister für Verkehr, der Bundesminister für das Post- und Fernmeldewesen können für den Bereich ihrer Verwaltungen und die für die Polizei zuständigen obersten Landesbehörden für deren Dienstbereich die Prüfung nach § 2 Abs. 1 Nr. 7 durchführen. Dasselbe gilt nach Bestimmung des Bundesministers für Verkehr für den Vorstand der Deutschen Bundesbahn.

(2) Diese Behörden erteilen die Anerkennung zum Sachverständigen und zum Prüfer. Die Befugnisse nach Absatz 1 können auf nachgeordnete Behörden übertragen werden. Im übrigen gelten für die Prüfung und die Anerkennung die Vorschriften dieser Verordnung sinngemäß.

(3) Die Anerkennung nach Absatz 2 berechtigt den Inhaber nur, im dienstlichen Auftrag innerhalb des Geschäftsbereichs der Behörde tätig zu werden, die sie erteilt hat. Sie kann jederzeit widerrufen werden; sie erlischt, wenn der Inhaber aus dem Dienst der Behörde ausscheidet, die die Anerkennung erteilt hat.

(4) Beantragt ein nach Absatz 2 anerkannter Sachverständiger oder Prüfer nach seinem Ausscheiden aus dem öffentlichen Dienst eine Anerkennung nach § 1, so gelten die allgemeinen Bestimmungen. Wird der Antrag innerhalb von 3 Jahren nach dem Widerruf oder dem Erlöschen der nach Absatz 2 erteilten Anerkennung gestellt, so fällt die Prüfung weg, wenn nicht Tatsachen vorliegen, die Zweifel an der fachlichen Eignung und Sachkunde des Bewerbers rechtfertigen.

§ 19. Die zuständige Landesbehörde und die in § 18 Abs. 1 genannten Behörden können in Einzelfällen Ausnahmen von der Voraussetzung der praktischen Ingenieurtätigkeit und des Hochschul- und Ingenieurschulabschlusses (§ 2 Abs. 1 Nr. 4 und Abs. 2) zulassen.

§ 20. Ein bei Inkrafttreten dieser Verordnung amtlich anerkannter Sachverständiger für den Kraftfahrzeugverkehr bedarf[1]) für die ihm zu diesem Zeitpunkt übertragenen Befugnisse[2]) keiner erneuten Anerkennung nach dieser Verordnung, sofern in der bisherigen Anerkennung nichts anderes bestimmt ist.

---

1) Die Regelung der Freistellung von der Notwendigkeit erneuter Anerkennung für die zum Zeitpunkt des Inkrafttretens der V übertragenen Befugnisse — gemeint ist: für die Befugnisse, die im Zeitpunkt des Inkrafttretens (bereits) übertragen gewesen waren — zeigt die Richtigkeit der Auslegung des § 1 I, daß an sich auch der bereits anerkannte Sachv nochmals anerkannt werden müsse.

2) „Für die ihm zu diesem Zeitpunkt übertragenen Befugnisse": Nach der V 1940 und schon früher war Anerkennung auch für einen beschränkten Aufgabenkreis des aaS möglich; § 1 III 3 von 1940, Anerkennung für bestimmte Betriebsarten und Klassen. Wer nach Inkrafttreten der nunmehrigen V volle Anerkennung wünscht, muß für die neuen Aufgaben eine Anerkennung nach der neuen V beantragen.

§ 21. Die Landesregierungen bestimmen die zuständigen Landesbehörden.

§ 22. Diese Verordnung gilt nach § 14 des Dritten Überleitungsgesetzes vom 4. Januar 1952 (Bundesgesetzblatt I S. 1) in Verbindung mit Artikel 7 des Gesetzes zur Sicherung des Straßenverkehrs vom 19. Dezember 1952 (Bundesgesetzbl. I S. 832) auch im Land Berlin.

§ 23. Diese Verordnung tritt am 1. Januar 1957 in Kraft.

(2) Am gleichen Tage treten die Verordnung über Sachverständige für den Kraftfahrzeugverkehr vom 6. Januar 1940 (Reichsgesetzbl. I S. 23) und die Verordnung zur Er-

gänzung der Verordnung über Sachverständige für den Kraftfahrzeugverkehr vom 24. März 1951 (Bundesgesetzbl. I S. 240) außer Kraft.

Anlage
(zu § 2 Abs. 1 Nr. 7)

Prüfungsordnung für amtlich anerkannte Sachverständige und amtlich anerkannte Prüfer für den Kraftfahrzeugverkehr

§ 1. Die Prüfung ist vor einem Prüfungsausschuß abzulegen, der bei der zuständigen Landesbehörde gebildet wird.

(2) Der Prüfungsausschuß für die Prüfung der Bewerber um die Anerkennung als amtlicher Sachverständiger oder als amtlicher Prüfer für den Kraftfahrzeugverkehr besteht aus

1. einem Beamten, der die Voraussetzungen für die Anerkennung als amtlicher Sachverständiger für den Kraftfahrzeugverkehr erfüllt;
2. einem Beamten des höheren nichttechnischen Verwaltungsdienstes;
3. dem Leiter einer technischen Prüfstelle für den Kraftfahrzeugverkehr.

(3) Die zuständige Landesbehörde bestimmt den Vorsitzer; sie kann auch weitere Mitglieder bestellen.

(4) Wenn die Länder oder mehrere Länder einen gemeinsamen Prüfungsausschuß einsetzen, kann diejenige zuständige Landesbehörde, die die Anerkennung ausspricht, einen weiteren Prüfer bestellen.

(5) Der Prüfungsausschuß beschließt mit Stimmenmehrheit. Bei Stimmengleichheit entscheidet die Stimme des Vorsitzers.

§ 2. Die Prüfung umfaßt einen schriftlichen, einen mündlichen und einen praktischen Teil.

§ 3. In der Prüfung hat der Bewerber zum Sachverständigen gründliche Kenntnisse auf dem Gebiet der Kraftfahrzeugtechnik, des Kraftfahrzeugbetriebes und des Straßenverkehrsrechts nachzuweisen.

(2) Für den Bewerber zum Prüfer gilt Absatz 1 entsprechend; jedoch genügt, unter Berücksichtigung der Beschränkungen seiner Anerkennung, der Nachweis gründlicher Kenntnisse des Straßenverkehrsrechts.

§ 4. In der praktischen Prüfung hat der Bewerber zu zeigen, daß er Kraftfahrzeuge aller Klassen sicher und gewandt führen kann.

§ 5. Der Bewerber erhält eine Bestätigung über die bestandene Prüfung. Das Prüfungsergebnis gilt im Inland.

§ 6. Hat der Bewerber die Prüfung nicht bestanden, so kann er sie frühestens nach 2 Monaten wiederholen. Besteht er auch die Wiederholungsprüfung nicht, so kann er nur noch einmal, und zwar frühestens nach Ablauf von einem Jahr, zu einer weiteren Wiederholungsprüfung zugelassen werden.

Nr 3. § 6 a StVG ist auf Seite 203 einzufügen. — Die zu seiner Ausführung erlassenen §§ 13—13 e StVZO sind in Nr 11 dieses Nachtrags enthalten.

§ 6a

(1) Der Bundesminister für Verkehr erläßt mit Zustimmung des Bundesrates Rechtsvorschriften und allgemeine Verwaltungsvorschriften über die karteimäßige Erfassung von rechtskräftigen Entscheidungen der Strafgerichte, soweit sie wegen einer in Zusammenhang mit der Teilnahme am Straßenverkehr begangenen, mit Strafe bedrohten Handlung auf Strafe oder andere gerichtliche Maßnahmen erkennen oder einen Schuldspruch enthalten. Dasselbe gilt für Entscheidungen, durch welche die vorläufige Entziehung der Fahrerlaubnis angeordnet wird.

(2) Das Gericht ordnet an, daß die Verurteilung wegen einer Übertretung in die Karte nicht eingetragen wird, wenn die Voraussetzungen für die Erteilung einer gebührenpflichtigen Verwarnung nach § 22 vorlagen oder diese nur deshalb nicht erteilt worden ist, weil der Verurteilte mit ihr nicht einverstanden oder zur sofortigen Zahlung der Gebühr nicht bereit war. Bei Urteilen ergeht die Anordnung durch Beschluß, der mit dem Urteil zu verkünden ist. Die Anordnung ist nachzuholen, wenn sie unterblieben ist.

(3) Eintragungen in die Kartei sind spätestens zu tilgen, wenn nach gesetzlicher Vorschrift die entsprechenden Vermerke im Strafregister der beschränkten Auskunft unterworfen oder dort zu tilgen sind. Für die Tilgung von Eintragungen, die im Strafregister nicht vermerkt werden, ist eine für den Betroffenen günstigere Regelung vorzusehen. Dabei darf die

Tilgungsfrist bei Übertretungen, die mit Geldstrafe geahndet worden sind, nicht mehr als zwei Jahre betragen, wenn keine weiteren Eintragungen über den Verurteilten in der Kartei enthalten sind.

(4) Die Tilgung nach Absatz 3 unterbleibt, solange die Erteilung einer neuen Fahrerlaubnis untersagt ist.

(5) Die Kartei darf nur für Zwecke der Strafverfolgung, für Verwaltungsmaßnahmen auf Grund dieses Gesetzes oder der auf ihm beruhenden Rechtsvorschriften und für die Vorbereitung von Rechts- und allgemeinen Verwaltungsvorschriften auf dem Gebiete des Straßenverkehrs verwertet werden.

(6) Auskünfte an die Gerichte und Behörden der Staatsanwaltschaft sind so zu erteilen, daß diese die Akten über die Verurteilungen beiziehen können.

Eingefügt: 16. 7. 57, BGBl I 710.

A. Karteiführung: Art 5 Ges 16. 7. 57 überträgt sie dem Kraftfahrt-Bundesamt; 1 zu § 13 StVZO.

B. Ausführung des § 6 a: §§ 13—13 e StVZO.

C. Absatz 2, Verfahren bei gebührenpflichtiger Verwarnung (geb V). Karteieintragung muß unterbleiben in den Fällen des Abs 2:

I. Bei Vorliegen der Voraussetzungen für die Erteilung einer geb V nach § 22. Diese sind 1. sachlich: leichtere Übertretungen und auf frischer Tat betroffener Täter, 2. förmlich: Einverständnis des über sein Weigerungsrecht belehrten Betroffenen mit der Verwarnung und Bereitschaft zur sofortigen GebZahlung. Trotz des andere Auslegung fordernden Wortlauts liegt es nahe, den Satzteil „wenn ... vorlagen" nur auf die sachlichen Voraussetzungen anzuwenden; es wäre nicht recht einzusehen, weshalb der Betroffene, der sich im Recht, den PolBeamten aber im Unrecht wähnt, wegen seiner Ablehnung der Verwarnung in die Kartei eingetragen werden müßte.

II. Es kommt hinzu, daß der an „vorlagen" anschließende Satzteil „oder diese ... bereit war" jene förmlichen Voraussetzungen (der geb V) als die weitere (zweite) Voraussetzung für das Unterbleiben der Karteieintragung besonders behandelt.

III. Würde es statt „vorlagen oder" heißen „vorlagen und", so würde die Eintragung entfallen, wenn zwar die (sachlichen!) Voraussetzungen der geb V vorgelegen hatten, sie aber wegen Fehlens des Einverständnisses des Betroffenen oder seiner Zahlungsbereitschaft unterblieben war. Aber angesichts des „oder" hinter „vorlagen" entfällt solche Auslegung. Ob die geb V in jedem der zwei Fälle (Fehlen des Einverständnisses oder der Zahlungsbereitschaft) unterbleiben muß oder, wenn nein, in welchem, ist nicht aus § 6 a zu beantworten; die Voraussetzungen für das Vorgehen mit geb V enthält § 22; ihm ist zu entnehmen, ob die geb V schon dann unterbleiben muß, wenn nur eine Maßnahme, die Verwarnung oder die Gebührenerhebung, nicht das Einverständnis des Betroffenen findet. Vorfrage zu § 22 ist: Welche Befugnis hat der PolBeamte nach § 22? Nach dessen Wortlaut „zu verwarnen und eine Gebühr zu erheben" handelt es sich um entweder a) eine einheitliche Maßnahme, nämlich Verwarnung unter Gebührenerhebung, oder b) zwei selbständige, nebeneinanderstehende Maßnahmen. Für a) spricht, daß die Maßnahme nur zulässig, wenn der Betroffene zur sofortigen Zahlung bereit ist und daß eine gewöhnliche Verwarnung, ein Hinweis des PolBeamten auf eine VerkWidrigkeit und ihre etwaigen Folgen, als Ausfluß des PolRechts ohne weiteres, ohne besondere gesetzliche Ermächtigung zulässig wäre, es zu einem solchen pol Vorgehen keines Einverständnisses des Betroffenen bedürfte. Für b) spricht, daß § 22 außer der Zahlungsbereitschaft das Einverständnis mit der Verwarnung fordert: „einverstanden und zur ... Zahlung bereit". Bei der Auslegung b) dürfte der PolBeamte die angebotene Gebühr nicht annehmen, wenn der Betroffene die Übertretung bestreitet, also eine gesetzliche Voraussetzung für das Vorgehen nach § 22, nämlich das Einverständnis mit der Verwarnung nicht vorliegt; nähme der PolBeamte die Gebühr trotzdem, so müßte die Karteieintragung im Hinblick auf den Wortlaut des § 6 a (nicht einverstanden oder zur Zahlung nicht bereit) unterbleiben. Also könnte der Betroffene, wenn er auch die Verwarnung ablehnt, eine Unterlassung der pol Anzeige durch Zahlung erreichen. In der Praxis wird der PolBeamte, wenn er die Zahlung annimmt, die Sache als erledigt ansehen, der unter Vorbehalt zahlende Betroffene aber nicht; er will die Sache weiterverfolgen, im Verwaltungswege die Rechtsfrage klären und ggf die Gebühr zurückfordern. Rechtssystematisch ist die Zahlung der Gebühr nur die Folge des Einverständnisses mit der (gebpfl) Verwarnung. Der Wortlaut des § 22 hindert die Schlußfolgerung, wer zahle, sei auch mit der Verwarnung einverstanden; und man darf auch § 22 nicht so auslegen, es sei die gebpfl V die Maßnahme, zu der § 22 ermächtigen wolle, er sei also zu verstehen: der PolBeamte könne den Betroffenen gegen eine Gebühr ... verwarnen und es seien weiter die Worte „mit ihr einverstanden und" entbehrlich.

IV. Unter Berücksichtigung dieser Zweifel wird man den Absatz 2 des § 6 a so verstehen müssen: § 22 schreibt dem PolBeamten nicht etwa das gebührenpflichtige Verwarnen vor, ermächtigt ihn nur dazu; „k a n n verwarnen und eine Gebühr erheben"; dh a) er braucht überhaupt nicht einzuschreiten; b) er kann einschreiten, uzw 1. gebpflichtig oder 2. ohne Gebühr. So gesehen, trifft Abs 2 mit dem Satzteil „wenn ... vorlagen" den Fall, daß der PolB zwar (nach § 22) hätte verwarnen können, es aber (nach seinem Ermessen) unterlassen hat. Dann trifft der Satzteil „oder diese ... bereit war" den Fall, daß der PolB nach § 22 hatte vorgehen wollen, es aber wegen Fehlens des Einverständnisses mit der Verwarnung oder der GebZahlung unterlassen hat.

Zu klären bliebe bei solcher Auslegung noch die Alternative in Absatz 2: nicht einverstanden o d e r nicht bereit. Wie gezeigt, können nach § 22 der PolB 1. verwarnen, 2. eine Gebühr erheben, und der Betroffene 1. die Verwarnung, 2. die GebZahlung ablehnen; dieser kann also die als unberechtigt empfundene Verwarnung ablehnen, aber zur GebZahlung bereit sein, etwa um im Verwaltungsweg die Frage weiter zu verfolgen. Daß die Polizei auch ohne gesetzliche Ermächtigung verwarnen darf, ein solches Vorgehen also des Einverständnisses des Betroffenen gar nicht bedarf, in § 22 somit die Worte „mit ihr", nämlich dort nur: mit der Verwarnung „einverstanden", fehl am Platz sind, ist oben ausgeführt. Hier in § 6 II ist auch von dem Einverständnis — nicht mit der Verwarnung, sondern zutreffend — mit der gebührenpflichtigen V die Rede.

Zusammenfassung: Für die Kartei scheidet der Fall der gebpfl V überhaupt aus. Lagen die (sachlichen, oben I) Voraussetzungen der geb V vor, so hat das Gericht die Unterlassung der Karteieintragung anzuordnen, wenn der PolB

1. nicht gebpfl verwarnt, sondern Anzeige erstattet hat,
2. gebpfl verwarnen wollte, es aber unterlassen hat, weil der Betroffene entweder mit der gebührenpflichtigen Verwarnung nicht einverstanden oder nicht zur Zahlung bereit gewesen war.

Nr 4. §§ 8 und 8 a StVG ersetzen den § 8, Seite 278—304.

§ 8

Die Vorschriften des § 7 gelten nicht, wenn der Unfall durch ein Fahrzeug verursacht wurde, das auf ebener Bahn mit keiner höheren Geschwindigkeit als 20 Kilometer in der Stunde fahren kann, oder wenn der Verletzte bei dem Betrieb des Kraftfahrzeugs tätig war.

Neufassung: 21. 7. 23, RGBl 743, dann 7. 11. 39, RGBl I 2223: siehe Vorbemerkung I c. In Kraft: 1. 4. 40. 16. 7. 57, BGBl I 710.

Leitsätze

Ausnahmen vom Grundsatz der Gefährdungshaftung. Den Anspruch aus der Sonderhaftung des Halters (§ 7) und des Führers (§ 18) haben nicht:

I. die von langsamem Fz (A II) verletzten (unbeteiligten) Dritten.

II. die beim Betrieb des Unfallfzs tätigen Personen, A II b, aus Schäden, die sie bei dieser Tätigkeit durch Unfall erlitten haben. Betriebstätige innerhalb der Gewerbeunfallversicherung: A II b 2 b^1.

Vorbemerkung

I. Änderungen 1957

Der bisherige erste Absatz ist unberührt geblieben. Bis zur Änderung hatte ein zweiter Absatz die Regelung für die beförderten Personen und Sachen enthalten; deren sachliche Änderung durch das Ges 1957 wird bei dem damals eingefügten § 8a behandelt.

Rechtssystematische Bedeutung der Vorschrift über die langsamen Fze: A II zu § 8a.

II. Geschwindigkeitsbeschränkte Fahrzeuge

§ 6 des Entwurfs 1906 schloß Anwendung des Gesetzes ferner dann aus,

2. wenn der Unfall bei dem Betrieb eines Fahrzeugs verursacht wird, das auf ebener Bahn die Geschwindigkeit von fünfzehn Kilometern in der Stunde nicht überschreiten kann und mit einer amtlichen Marke hierüber versehen ist.

Die Begründung besagte dazu:

Eine weitere Ausnahme sieht der Entwurf für solche Kraftfahrzeuge vor, welche eine bestimmte Geschwindigkeitsgrenze vermöge ihrer Konstruktion nicht überschreiten können und daher nicht erheblich schneller fahren als sonstige Fuhrwerke. Auch hier trifft der Hauptgesichtspunkt für eine Verschärfung der Haftung, die mit dem Automobilbetriebe verbundene besondere Gefährdung der Verkehrssicherheit, nicht zu.

In der Kommissionsberatung hielt man diese Geschwindigkeitsgrenze zwar für zu niedrig, konnte aber eine Einigung nicht erzielen; KommBer. RTDrucks 1907/1909 Nr 1250 S 11.

Der Regierungsentwurf 1908 sah die Fassung vor:

2. wenn der Unfall durch ein Fahrzeug verursacht wird, das auf ebener Bahn eine bestimmte Geschwindigkeit nicht überschreiten kann und mit einer amtlichen Marke hierüber versehen ist. Die Geschwindigkeit wird durch eine mit Zustimmung des Bundesrats zu erlassende Kaiserliche Verordnung bestimmt. Die Bestimmung kann auf demselben Wege ergänzt und abgeändert werden.

Dazu führte die Begründung aus:

Eine weitere Ausnahme tritt nach dem Entwurfe für solche Kraftfahrzeuge ein, die eine bestimmte Geschwindigkeitsgrenze vermöge ihrer Konstruktion nicht überschreiten können und daher nicht wesentlich gefährlicher sind als Fuhrwerke, die durch tierische Kraft bewegt werden. Die Grenze der zulässigen Geschwindigkeit im Gesetze festzulegen, empfiehlt sich nicht; es muß hier die Möglichkeit gelassen werden, den Erfahrungen, die der Verkehr an die Hand gibt, zu folgen. Entsprechend einem zu dem früheren Entwurfe von der Kommission des Reichstags gefaßten Beschluß überläßt daher der Entwurf die Bestimmung dem Bundesrate.

Der Entwurf gelangte in folgender Fassung an den Reichstag:

2. wenn der Unfall durch ein Fahrzeug verursacht wurde, das auf ebener Bahn eine begrenzte Geschwindigkeit nicht überschreiten kann und hierauf amtlich geprüft ist. Die Geschwindigkeitsgrenze wird durch den Bundesrat bestimmt.

Die Begründung blieb unverändert.

Die Erwägung, für langsam fahrende Fahrzeuge eine günstigere Regelung eintreten zu lassen, beruhte in erster Linie auf der schon oben I erwähnten Besorgnis, daß man dem Kraftverkehr mit den Haftpflichtbestimmungen Belastungen auferlege, die er vielleicht doch nicht tragen könnte. War der Ausgangspunkt für die gesetzliche Regelung der Automobilhaftung überhaupt die „Autoraserei", so lag ja der Gedanke nahe, daß man in ihrer Bekämpfung über das Ziel hinausschieße, wenn man die Vorschrift auch da eingreifen ließe, wo von Raserei keine Rede sein könne. Die ausführlichen Erörterungen in der Kommission lassen die Zweifel, Unklarheiten und Schwankungen deutlich erkennen. In erster Lesung strich die Kommission die Nr 2 vollständig (Kommissions-Bericht S 14 f). In zweiter Lesung wies die Regierung erneut darauf hin, daß bei Streichung der Nr 2 die vom Standpunkt der Heeresverwaltung erwünschte Einbürgerung der Lkw unterbleiben würde. Beantragt wurde Heraufsetzung der Höchstgeschwindigkeit auf 20 bzw 25 km, weiter Beschränkung der Ausnahmebehandlung auf Fahrzeuge, die „nur zur Beförderung von Lasten dienen". Für solche Beschränkung wiederum vermißte ein Regierungsvertreter den inneren Grund; auch würden vielfach Lkw zeitweilig zur Personenbeförderung verwendet. Trotz des Hinweises auf die größere Gefährlichkeit eines schwer beladenen Lkws gegenüber gleich langsamen kleinen Personenwagen wurde Nr 2 in der Fassung beschlossen:

2. wenn der Unfall durch ein Fahrzeug verursacht wurde, das nur zur Beförderung von Lasten dient und auf ebener Bahn eine auf 20 Kilometer begrenzte Geschwindigkeit in der Stunde nicht übersteigen kann.

Diese Fassung behielt die Bestimmung bis zur Änderung 21. 7. 23 (RGBl I S 743). Die 1909 unberücksichtigt gebliebene Erwägung, daß ein leichtes Personenfahrzeug bei gleicher Geschwindigkeit wie ein schweres Lastfahrzeug weniger gefährlich sei, weil infolge der geringeren lebendigen Kraft Bremsen und Ausweichen sehr viel leichter möglich sei, stieß beim RTA um so eher auf Verständnis, als eine Reihe kleiner, namentlich elektrisch betriebener Fahrzeuge geringer Geschwindigkeit inzwischen in den Verkehr gekommen war, von deren Ungefährlichkeit man sich leicht überzeugen konnte. Insoweit war durch Gesetz 1923 der Zustand hergestellt worden, den der Regierungsentwurf 1908 bereits vorschlug. — Die Geschwindigkeitsgrenze hinaufzusetzen, etwa auf die bereits 1909 vorgeschlagenen 25 km, gelang dagegen nicht; in dieser Beziehung besteht also auch heute noch der Zustand, wie nach dem Gesetz von 1909.

Hiernach lautete § 8 seit der Änderung 1923 bis zu der von 1939 (über diese s § 8 a):
Die Vorschriften des § 7 finden keine Anwendung:
1. wenn zur Zeit des Unfalls der Verletzte oder die beschädigte Sache durch das Fahrzeug befördert wurde oder der Verletzte bei dem Betriebe des Fahrzeugs tätig war;
2. wenn der Unfall durch ein Fahrzeug verursacht wurde, das auf ebener Bahn eine auf 20 Kilometer begrenzte Geschwindigkeit in der Stunde nicht übersteigen kann

Übersicht

A. Die sachliche Regelung

I. Nichtgeltung des § 7

a) Keine Sonderhaftung

Die Ausschließung der Geltung des § 7 bedeutet, daß für den Betriebsunfall eines Kfzs der Halter nicht nach dem Grundsatz der Gefährdungshaftung einzutreten hat. Damit ist also für die in § 8 aufgezählten Fälle die Grundlage des zweiten Abschnittes des Gesetzes beseitigt, und daraus ergibt sich, daß nicht bloß § 7 nicht gilt, sondern der mit seinen übrigen Bestimmungen die des § 7 voraussetzende ganze zweite Abschnitt des Gesetzes selbst (insb die Summenbegrenzung des § 12). Das sprach der Entwurf 1906, der ja nur die Haftpflicht regeln wollte, klar aus, indem sein § 6 besagte: „Die Vorschriften dieses Gesetzes finden keine Anwendung ..." Die Anwendung des I. und III. Abschnittes des Gesetzes wird durch § 8 nicht berührt. — Anwendung des § 17 auch da, wo die Haftung eines am Unfall beteiligten Kfz nicht auf § 7 beruht — weil es unter § 8 fällt —, sondern auf Verschulden nach § 823 BGB: C I a 4 und C I a 2 zum § 17. Zust Old 3. 6. 55, 1 U 180. 54.

b) Bürgerliches Recht

Mit der Ausschaltung der für den KfzBetrieb geltenden besonderen, der Gefährdungshaftung, A zu § 7 I, verbleibt es für die von § 8 getroffenen Schadensfälle bei der allgemeinen Regelung des Schadensrechts, in erster Linie des BGB. Wegen der Betriebstätigen s auch B II b 4 zu § 16, D zu § 18.

II. Geschwindigkeitsbeschränktes Fz und Betriebstätige bei Fzn jeglicher Geschwindigkeit

§ 7 gilt nicht, der besondere Haftpflichtanspruch des zweiten Abschnitts des Gesetzes ist nicht gegeben,

wenn der Unfall durch ein Fahrzeug verursacht wurde, das auf ebener Bahn mit keiner höheren Geschwindigkeit als 20

Kilometer in der Stunde fahren kann oder wenn der Verletzte bei dem Betriebe des Kraftfahrzeugs tätig war.

Früherer Wortlaut der Vorschrift und Änderung durch Gesetze 1923 und 1939 vergleiche Vorbemerkung.

a) Geschwindigkeitsbeschränktes Fahrzeug

1. Durch ein Fahrzeug verursacht besagt nichts anderes, als die grundlegende Bestimmung des § 7 mit den Worten „beim Betrieb"; B I zu § 7 I.

Das ergibt übrigens auch die Entstehungsgeschichte. Der in der Vorbemerkung wiedergegebene Wortlaut des § 6 Regierungsentwurf 1906 lautete:

„wenn der Unfall bei dem Betrieb eines Fahrzeugs . . ." und entsprach mit solcher Fassung dem § 1 daselbst:

„Wird bei dem Betrieb eines Kraftfahrzeugs . . ."

Im Entwurf 1908 hatte § 6 die Fassung:

„Wird durch ein im Betrieb befindliches Kraftfahrzeug . . ." und die Ausnahmebestimmung des damaligen § 2 war gleichfalls geändert in:

„wenn der Unfall durch ein Fahrzeug verursacht wird . . ."

Als man nun im Reichstag zu § 1 die alte Fassung des Entwurfs 1906 „Wird bei dem Betrieb . . ." wiederherstellte, hat man unterlassen, nun auch der Ausnahmevorschrift wieder die jener Bestimmung des § 1 entsprechende, also die Fassung des Entwurfs 1906 zu geben. Dieser Unterlassung kann eine Absicht nicht zugrunde gelegen haben, denn es handelt sich hier ja um nichts anderes, als den § 7 auszuschließen. — Vergl denselben Fassungsfehler in § 16.

2. Fahrzeug ist alles, worauf sich nach § 1 Abs 2 die gesetzliche Regelung bezieht, also alle Kraftfahrgeräte, auch Kleinkrafträder. Auch ein etwa der Zulassungspflicht zuwider nicht zugelassenes Kfz fällt grundsätzlich unter § 8. — Es entscheidet die (Höchst-) Geschwindigkeit „des Fahrzeugs", also des Kraftwagens, Kraftrades usw, und zwar dieser Fahrzeuge selbst, ohne Rücksicht auf die Art des Betriebs im Einzelfall, also zB der Zugmaschine ohne ihre Anhänger, und zwar auch dann, wenn sie etwa nur mit Anhängern verwendet wird; Kiel 11. 6. 37, VAE 1938 S 189.

Anhänger sind keine Kfze; Unfälle durch einen von Hand verschobenen, von Pferden gezogenen oder durch eigene Schwerkraft getriebenen Anhänger werden nicht nach StVG beurteilt. Anders, wenn der Anhänger durch Kfz bewegt wird. Dann bildet er mit dem Kfz eine betriebliche Einheit, so daß Unfall zB durch Schleudern des Anhängers als Unfall „beim Betrieb eines Kraftfahrzeugs" anzusehen ist; A II am Ende zu § 1; B I a 2 zu § 7 Abs 1; zustimmend Ddf 17. 3. 30, RdK 1931, 341.

3. Auf 20 km begrenzte Geschwindigkeit. Die erreichbare Geschw ist nur begrenzt genau feststellbar (Ungenauigkeit der Messung von Zeit, Wegstrecke, Einfluß von Luftdruck, Temperatur, Luftfeuchtigkeit auf die Motorleistung, des Reifenschlupfes, der Fahrbahnbeschaffenheit, des Reifenprofils). Die Geschwindigkeit hängt ab von

äußeren Verhältnissen, nämlich 1. Weg — allgemeiner Beschaffenheit (eben) —, 2. besonderen Umständen — Schlüpfrigkeit —; 3. Wetter — Luft, Kälte, Feuchtigkeit —;

inneren (Betriebs-) Verhältnissen des Fahrzeugs selbst, nämlich 1. Zustand (Beschaffenheit) des Fahrzeugs — Regulator, Instandhaltung —; 2. Verwendung des Fzs — Beladung, Belastung (Anhänger!) —.

Die Geschwindigkeitsgrenze bezieht sich auf das Fahren auf ebener Bahn, normale Verkehrs- und Witterungs-(Vergasungs-)Verhältnisse, normale Luftströmungen, also nicht übermäßigen Gegenwind udgl. Ein mit Vollast 20 km nicht überschreitendes Fz fällt nicht unter § 8, wenn es bei Leerfahrt schneller ist.

Es bleiben also besonders günstige (äußere) geschwindigkeitssteigernde Umstände (Witterung, Rückenwind uä) ebenso unberücksichtigt, wie der (innerbetriebliche) Umstand, daß aus jeder Maschine auf kurze Zeit Höchstleistungen („Kurzleistung") herauszuholen sind, die erheblich über der Dauerleistung normaler Betriebsverhältnisse („Dauerleistung") liegen können. Köln 20. 6. 49, DAR 51, 177 läßt unentschieden, ob ein Fz unter § 8 fällt, das bei der an sich möglichen Überschreitung der 20-km-Grenze nach wenigen Hundert Metern betriebsunfähig wird; die Frage ist zu bejahen. Den Ausführungen DAR 52, 3 ist nicht zuzustimmen; s a Tüb 6. 12. 51, DAR 52, 6.

Begrenzung der Geschwindigkeit. Es kommt nicht auf Geschwindigkeit im Einzelfall an, sondern auf die überhaupt mögliche Höchstgeschwindigkeit; KG 10. 4. 29, ARR Nr 9/10 S 7, auch nicht darauf, ob dem Führer die Möglichkeit der Geschwindigkeitserhöhung bekannt war, und ob er sie ausgenutzt hat; KG 30. 7. 42, VAE 43, 52; BGH 18. 3. 53, DAR 115. Keine Toleranz; anders: 7 zu § 5 StVZO. Die Begrenzung kann auf zweierlei Art erreicht werden:

a[1]) Die Bauart kann schlechthin Überschreitung der 20 km ausschließen.

b[1]) Die Begrenzung kann aber auch dadurch erzielt werden, daß eine Vorrichtung zur selbsttätigen Regelung der Geschwindigkeit in den Wagen eingebaut wird. Ein solcher „Regulator" begrenzt meist die Umdrehungszahl des Motors. Durch gewaltsamen Eingriff kann die Wirkung des Regulators aufgehoben werden. Im Gefälle geringere Auswirkung des Reglers, da das Fahrzeuggewicht nachschiebt.

Unentschieden war früher die Frage, ob die Vergünstigung aus § 8 nur dann beansprucht werden kann, wenn die Bauart schlechthin die Höchstgeschwindigkeit (a[1]) ausschließt oder ob es genügt, daß die Erhöhung der Geschwindigkeit durch Vorrichtungen (b[1]) gehindert wird, die der Führer nicht beseitigen kann. Vorrichtungen, die der Führer leicht, wenn auch nicht ohne Gefahr für den Motor beseitigen oder außer Wirkung setzen kann, zB Bleiversiegelung (Plombierung) bieten keine Gewähr gegen Überschreitung der Höchstgeschwindigkeit und stellen deshalb das Erfordernis des § 8 nicht her; Recht 1915, 363 und 1666. In solchem Fall ist es dann auch gleichgültig, ob der mit Reglervorrichtungen versehene Wagen zur Zeit des Unfalls tatsächlich nicht mehr als 20 km gefahren ist; RG 18. 2. 26, JR 1144, Hamm 21. 9. 26, RdK 28, 329.

RG 28. 1. 29, DAR 90 hat entschieden, Vorhandensein einer auf 20 km begrenzenden Vorrichtung sei für den dem Beklagten obliegenden Beweis der begrenzten Geschwindigkeit nicht erheblich, solange nicht nachgewiesen werde, daß es nach Bauart und Anlage der Vorrichtung dem Führer unmöglich gewesen wäre, ihre Wirksamkeit während der Fahrt auszuschalten. Daraus folgt als Entscheidung obiger Streitfrage (a[1] und b[1]), daß uU § 8 auch dann eingreift, wenn die Begrenzung der Geschwindigkeit nicht durch die Bauart schlechthin, sondern nur durch besondere Vorrichtung erzielt wird. S a RG 128, 149; KG, VAE 43, 53; Hbg 17. 5. 31, JW 3388. Nach RG 23. 6. 30, DAR 263 entscheidet, ob die Vorrichtung vom Führer „überhaupt nicht oder doch nur in längerer schwieriger Arbeit" beseitigt werden kann; als „leicht zu entfernende Vorrichtung" erachtet dabei RG einen Regler, der in etwa einer Monteurstunde außer Wirksamkeit gesetzt werden kann. So auch BGH 18. 3. 53, DAR 115. Danach ist übrigens ferner nicht entscheidend, welche Geschwindigkeit bei der amtlichen Prüfung festgestellt und in Typ- und KfzSchein und -brief eingetragen ist.

Erhöhung der Geschwindigkeit, die nur in längerer schwieriger Arbeit erzielt werden kann, zB durch Änderungen in der Bauart, umfangreiche Instandsetzung, „Überholung" des Fahrzeugs und dergleichen, bleibt außer Betracht. Denn gibt, wie dargelegt, eine die Geschwindigkeit begrenzende Vorrichtung dem Fahrzeug die Stellung nach § 8 dann, wenn jene nur mit erheblichen Schwierigkeiten und beträchtlichem Zeitaufwand beseitigt (außer Wirksamkeit gesetzt) werden kann, so kann die Sonderstellung nach § 8 auch einem Fahrzeug nicht versagt werden, das in seinem derzeitigen Zustand nicht mehr als 20 km läuft, aber mittels erheblicher und zeitraubender Veränderungen (der Maschinenanlage) zu höherer Geschwindigkeit gebracht werden könnte.

Auch ein mit serienmäßiger Normalhöchstgeschwindigkeit unter 20 km geliefertes Fz kann ausnahmsweise wegen Ungleichmäßigkeit der Serienherstellung eine höhere Geschwindigkeit haben; Celle 26. 11. 49, DAR 51, 28. — Umstellung des unter 20 km gefahrenen Holzgaswagens zum Dieselantrieb: Celle aaO. — Das Gesetz verlangt, daß das Fz mit keiner höheren Geschwindigkeit als 20 km „fahren kann". Es entscheiden also Tatsachen, nicht Angaben der Fabrik oder des Typscheins über Höchstgeschwindigkeit, auch nicht, wenn sie der Zulassung zugrundegelegt worden sind. — Wird im Zulassungsverfahren ein Kfz als eines mit 20 km HG zugelassen, so bedeutet dies, daß es nur mit 20 km fahren kann und darf; DAR 51, 28. Damit ist der Gegenbeweis nicht ausgeschlossen, daß es schneller fahren kann; bis zu solchem Beweis kann sich der Halter auf die Angabe der Zulassung verlassen. — Aber die Meßgenauigkeit ist beschränkt.

Bei elektrischen Fahrzeugen: Verhinderung der Benutzung des mehr als 20 km gestattenden Ganges durch eingeschweißtes Eisenstück in Verbindung mit Ausschaltung des Stromkreises bei gewaltsamer Benutzung jenes Ganges (Anwendung des § 8 in solchem Fall). RG 20. 10. 31, VI 218, 32.

Fze mit Explosionsmotor, die über 20 km/st nur bei eingeschaltetem Kompressor erreichen, fallen nicht unter § 8, nehmen an der Vergünstigung also nicht teil. Ist der mehr als 20 km ermöglichende Kompressor starr mit dem Motor verbunden, so liegt eben die normale Leistung über der Grenze des § 8; aber auch wenn er nur durch Kupplung mit dem Motor verbunden ist, die der Führer einschaltet, fällt das Fz nicht unter § 8. K ist eine Vorrichtung zur Vermeidung des Leistungsabfalls des Motors bei höherer Umdrehungszahl. Die Geschwindigkeit, mit der das Gasgemisch vom Motor angesogen wird, steigt nicht im gleichen Verhältnis wie die Drehzahl; Füllung des Zylinders mit Gasgemisch läßt bei höherer Drehzahl nach. Der K vermeidet nun entweder den Füllungsverlust und damit den Leistungsabfall dadurch, daß er die Gaszufuhr stets proportional der Drehzahl hält oder er erhöht gar die Leistung durch Überladung des Zylinders. Im K, der vom Motor angetrieben wird, wird die Luft vorverdichtet, um dann beim Ansaughub dem Motor durch den Vergaser unter Druck selbsttätig zuzuströmen, während sie sonst durch eigene Ansaugarbeit des herabgehenden Kolbens vom Motor herangeholt werden muß.

Stets muß die Begrenzung der Geschwindigkeit auf technischen Einrichtungen (oben 1 und 2) beruhen; nur auf heruntergewirtschafteten Zustand des Fahrzeugs zurückzuführende Langsamkeit genügt nicht zur Anwendung des § 8, RG 1. 6. 33, VR 584.

Pflicht zur Haftpflichtversicherung: § 1 DVPflVG.

b) Bei dem Betrieb des Fahrzeugs tätig

Das Gesetz spricht hinsichtlich derjenigen, die auf Grund der Haftpflichtvorschriften einen Anspruch erlangen, von „Verletzten", „Ersatzberechtigten" und (§ 10 Abs 2) „Dritten". Der Ausdruck „Verletzter" wird in verschiedenem Sinn gebraucht. In § 7 Abs 1 und § 9 bezeichnet er den, der an Körper oder Gesundheit ungünstig betroffen oder dessen Sache beschädigt wurde; in § 8 ist damit nur der an Körper oder Gesundheit, nicht aber der durch Sachbeschädigung Betroffene gemeint; sonst hätte nicht (in der bis zur Änderung 16. 7. 57 gültig gewesenen Fassung) die Beförderung des Verletzten und die der beschädigten Sache nebeneinander gestellt werden können.

Der Betriebstätige, der in diesem hauptsächlich den Schutz der Öffentlichkeit bezweckenden Gesetze des besonderen Schutzes entbehrt, da der ja nach ursprünglicher Auffassung des Gesetzgebers (Vorbem § 8a) die Gefahr „freiwillig übernommen" hat, ist durch die sozialen Einrichtungen der Unfallversicherung gesichert; er hat als Unfallverlezter den Sonderanspruch aus der Gefährdungshaftung gegen den Kfzhalter nicht, wenn er zur Zeit des Unfalls bei dem Betrieb des Kfzs tätig gewesen ist. — Die Höchstgeschwindigkeit des Fzs ist hier bedeutungslos.

1. Begriff des Betriebstätigen

„Bei dem Betrieb tätig" ist, dem Ausnahmecharakter der Vorschrift entsprechend, eng auszulegen; BGH 7. 7. 56, VRS 248. Es ist, wer durch — wenn auch nicht förmliche Zugehörigkeit so doch — besondere Beziehung zum Betrieb (zust München 15. 10. 51, 5 W 1257. 51), begründet durch seine Tätigkeit, ohnehin den besonderen Betriebsgefahren im höheren Maße ausgesetzt ist, als die Allgemeinheit; zust Dsd 20. 7. 39, VAE 401; BGH 16. 12. 53, DAR 54, 37. Bei einem freiwilligen Helfer wird man das nur annehmen können, wenn er mit dem ausdrücklichen Willen des Betriebsinhabers oder seines Vertreters eine Tätigkeit von gewisser Dauer (BGH aaO) verrichtet, der der Unfall später entsprungen ist; Mchn aaO. „Betriebstätigkeit" auch bei Fehlen einer Dauerbeziehung: BGH 7. 7. 56, VRS 11, 248. Nicht erforderlich ist eine Tätigkeit, die sich unmittelbar auf das Fz (Wagenwäscher), insb seine Triebkräfte (Führer) auswirkt, es genügt äußerer Zusammenhang mit dem Betrieb, zB Rangierer auf einem FzAufstellplatz; Celle 13. 2. 32, DAR 267; A II a 2 zu § 7 II. Aber der Zusammenhang muß mit dem Betrieb des Fz (B zu § 1) bestehen, wer nur das ihm in völligem Ruhestand auf den Waschplatz gestellte Fz zu reinigen hat, ist nicht bei dessen Betrieb tätig.

Zu weit ginge, wer in folgerichtiger Durchführung der hier abgelehnten Auslegung des Begriffs „bei dem Betrieb eines Kraftfahrzeugs" des § 7 (B I a 1 zu § 7 Abs 1) auch hier abstellen wollte auf den Betrieb der Kfzunternehmung als Ganzen, nicht auf den Betrieb des einzelnen Fahrzeugs und demgemäß als Betriebstätigen jeden ansehen will, der zu seinem Teile zur Aufrechterhaltung des Kfzbetriebs mitwirkt.

War der Verletzte zur Zeit des Unfalls beim Betrieb des Fahrzeugs tätig gewesen, so ist unerheblich, ob die Verletzung auf Auswirkung der besonderen, dem Kfz eigentümlichen Betriebsgefahr beruhte; B I a 3 zu § 7 I; Celle aaO.

Es entscheidet nur die Tatsache des Tätigseins; der Tätige braucht nicht Betriebsangehöriger, kann auch freiwilliger Helfer sein; Dsd 20. 7. 39, VAE 401; aM RG 11. 5. 33, DAR 187, wonach nicht beim Betrieb tätig ist, wer als Mechanikerlehrling in einer Garage angestellt, dem einfahrenden Kunden aus Gefälligkeit, nicht in Erfüllung einer ihm diesem gegenüber obliegenden Pflicht, Winke und Zeichen gibt. Dazu DAR 1933, 145. Bei Bschw 4. 3. 38, VAE 242 bleibt zweifelhaft, ob der vom Empfänger der Ladung des Lastzuges zwecks Abhängens des Anhängers zur Verfügung gestellte Arbeiter mit Kenntnis (oder mit vermutetem Einverständnis) des Halters des Lastzuges tätig geworden ist, oder ob diese Fragen als unerheblich angesehen worden sind.

Die Haftpflichtvorschriften des StVG gelten grundsätzlich für jeden Verkehr des Kfzs, auch auf nichtöffentlichen Straßen (B I b 4 zu § 7 I) also auch für Rennen in geschlossener Bahn.

Wer bei Rennen in der Betriebstoffausgabe udgl mitwirkt, ist zwar im Unternehmen, der Veranstaltung, nicht aber beim Betrieb „des" Fzs tätig; zust RG 12. 1. 33, DAR 42; ebenso Starthelfer: RG 21. 3. 35, DAR 80. Der „Unparteiische" wird auf dem Fz befördert; § 8 a und B III b 1 zu § 16. — Sicherungsrichtlinien: 9 zu § 5 StVZO.

Der Betriebsgefahr setzen sich aus FzFührer, Schaffner, Kontrolleur; ferner wer zwar nicht auf, aber an dem im Betrieb befindlichen Fz eine Tätigkeit ausübt, zB auf dem Hof die dorthin fahrenden und von da wieder in die Wagenschuppen zurückkehrenden Fze zu reinigen, mit Betriebsstoffen zu versehen und sonstwie zu versorgen hat. Dagegen ist nicht beim Betrieb des Fzs tätig, wer im Schalterraum Fahrkarten verkauft, wohl aber, wer den Fahrgästen die Plätze in den herankommenden Wagen anweist. Auch wer sich an dem Fz eigenmächtig, ohne Wissen und Willen des Halters oder dessen Vertreters betätigt, ist Betriebstätiger iSd § 8; s aber oben.

2. Ansprüche in Sonderfällen

a[1]) Sachschaden

Sachschaden des Betriebstätigen. § 8 (am Ende) bezieht sich nur auf Personenschäden. Daß eine beim Betrieb beschädigte (außerhalb des Fzs befindliche) Sache einem Betriebstätigen gehört, führt nicht zum Verlust des Ersatzanspruchs. Eine Ausnahme wird freilich gelten müssen, wenn eine Sache beschädigt wird, die aus Anlaß oder infolge der Betriebstätigkeit zu dem Fahrzeug in eine räumliche Beziehung getreten ist, die erst die Beschädigung ermöglicht hat; zB dem Bremser des Anhängers wird beim Versuch, einen Vergaserbrand zu löschen, die Kleidung, dem unterwegs zur Beseitigung des Schadens hinzugezogenen Mechaniker das Werkzeug beschädigt. Körperschaden würde beiden aus der Sonderhaftung des § 7 nicht ersetzt werden; gleiches muß erst recht von derartigem Sachschaden gelten. Siehe Müller, RdK 1927, 226.

Für Schäden an beförderten Sachen wird nach dem Grundsatz des § 7 nur unter den Voraussetzungen des § 8a gehaftet. Die dort maßgebliche Art der Beförderung kommt für den Betriebstätigen als solchen idR nicht in Frage; erleidet er Schaden zB an den Sachen, die er mit sich führt, so hat er den Sonderanspruch aus § 7 nicht.

b[1]) Sozialversicherte

Nach § 537 Nr. 7 RVO unterliegen der Gewerbeunfallversicherung der Fuhrwerks-, Speditions- und Fuhrbetrieb, wenn sie gewerbsmäßig betrieben werden, ferner das Halten von anderen Fahrzeugen als Wasserfahrzeugen, wenn sie durch elementare . . . Kraft bewegt werden; nach Nr 10 aaO unterliegen ihr ferner Betriebe zur Beförderung von Personen oder Gütern, wenn sie mit einem kaufmännischen Unternehmen verbunden sind, das über den Umfang des Kleinbetriebes hinausgeht. Das Halten von Kfzn, mag es gewerblich sein oder nicht, unterliegt somit der genannten Versicherung. Für Betriebsunfälle der Angehörigen des Unternehmens haftet sonach nicht der Unternehmer, also der Halter des Fzs, sondern die Berufsgenossenschaft. Hat der Unternehmer (Halter, Betriebsaufseher) lediglich als KfzFührer den Unfall verursacht, so haftet er als Führer; § 899 RVO greift nicht ein; Tüb 23. 11. 51, DAR 52, 6. Für die Haftung der BerGen ist unerheblich, welchem Zweck die Fahrt dient, wenn sie nur dem (gegebenenfalls mutmaßlichen) Willen des Verfügungsberechtigten entspricht, also nicht Schwarzfahrt (§ 7 Abs 3) zu eigenwirtschaftlichen Zweck des Beschäftigten ist; RVersAmt 13. 5. 29, I a 4314. 28. Eine Haftung des Halters, also Unternehmers selbst, kommt nach § 898 RVO nur in Betracht, wenn er den Unfall vorsätzlich herbeigeführt hat und dies strafrechtlich festgestellt worden ist; in diesem Fall haftet er für den Betrag, um den der Schaden die Leistung der Berufsgenossenschaft übersteigt. Außerdem haftet der Unternehmer (Ges 7. 12. 43, RGBl I 674) unmittelbar, wenn der Unfall bei Teilnahme am öff Verkehr eingetreten ist; Ersatzansprüche können selbst dann gegen den Unternehmer erhoben werden, wenn das nach §§ 898, 899 RVO ausgeschlossen ist; s VkR 49, 387. S a B IV b 8 zu § 16 StVG.

3. Beim Betriebe des Fahrzeugs

Führer und Begleiter eines von einem Kfz geschleppten Fzs sind (nicht nur beim Betrieb ihres eigenen Fzs, sondern) auch beim Betrieb des schleppenden Fzs tätig, ohne Rücksicht darauf, ob das geschleppte ein Kfz und als solches nur tote Last oder noch im Betrieb, das schleppende also nur zusätzlicher Vorspann ist. Das folgt daraus, daß der Betrieb eines solchen Schleppzuges ebenso als einheitlich anzusehen ist, wie der Betrieb eines Lkw mit (normalem) Anhänger; B I a 1 und 2 zu § 7 I StVG.

Anhänger sind nicht Kfze. Bei Anhängerbetrieb Tätige fallen unter § 8, wenn der Anhänger von einem Kfz bewegt, gezogen oder (RG 22. 3. 34, VI 469, 33) geschoben wird. Mithelfen der Lademannschaft des Anhängers bei dessen Verschiebung (mittels Kfzs) an den Ladeplatz des Anhängers ist Beschäftigung beim Betrieb des Kfzs. Hat das Kfz den Anhänger an seinen Ladeplatz gebracht, und ist er dort zum Stillstand gekommen, so ist ein durch Kfz verursachter Unfall der Lademannschaft des Anhängers nicht Unfall eines Betriebsbeschäftigten; RG 22. 3. 34, VI 469. 33.

B. Beweislast

Mit der Ausschaltung des § 7 entfällt die für seine Sonderhaftung geltende, bei B V zu § 7 I dargestellte Beweislast. Es gilt also nichts gegenüber dem allgemeinen Recht Besonderes. — Prima facie-Vermutung: B zu § 8a. — Verjährung bei Unkenntnis des Verletzten über die Geschwindigkeit des Unfallfzs: A IIb zu § 14.

Gegenüber einer Klage aus § 7 hat der FzHalter zu beweisen, daß sein Fz ein langsames (20 km) oder der Verletzte Betriebstätiger ist; alsdann hat der Geschädigte die Beweislast nach allgemeinem Recht.

§ 8a

(1) Ist eine durch ein Kraftfahrzeug beförderte Person getötet oder verletzt worden, so haftet der Halter dieses Fahrzeugs nach § 7 nur dann, wenn es sich um entgeltliche, geschäftsmäßige Personenbeförderung handelt. Ist eine durch ein Kraftfahrzeug beförderte Sache beschädigt worden, so haftet der Halter dieses Fahrzeugs nach § 7 nur, wenn eine durch das Kraftfahrzeug unter den Voraussetzungen des Satzes 1 beförderte Person die Sache an sich trägt oder mit sich führt. Die Geschäftsmäßigkeit einer Personenbeförderung im Sinne der Sätze 1 und 2 wird nicht dadurch ausgeschlossen, daß die Beförderung von einer Körperschaft oder Anstalt des öffentlichen Rechts betrieben wird.

(2) Die Verpflichtung des Halters, wegen Tötung oder Verletzung beförderter Personen Schadensersatz nach Absatz 1 Satz 1 in Verbindung mit § 7 zu leisten, darf weder ausgeschlossen noch beschränkt werden. Entgegenstehende Bestimmungen und Vereinbarungen sind nichtig.

Eingefügt: 16. 7. 57, BGBl I 710.

Leitsatz

§ 8a bringt, wie auch § 8, eine Ausnahme vom Grundsatz der Gefährdungshaftung. Den Anspruch aus der Sonderhaftung des Halters (§ 7) und des Führers (§ 18) haben nicht die im Unfallfz beförderten Personen wegen ihres Personen- und ihres Sachschadens; für sie gilt also grundsätzlich allgemeines Recht, insb BGB und HGB. Hiervon gilt wieder eine Rückausnahme, also die Gewährung der Gefährdungshaftung an sie, für die in § 8a behandelte Beförderungsart.

Vorbemerkung

a) Für die Haftpflicht des Eisenbahnunternehmers aus RHaftpflG macht es keinen Unterschied, ob der durch Betriebsunfall Verletzte unbeteiligter Dritter oder Insasse des Eisenbahnzuges war. Obwohl der 1. Entwurf (1906) des KFG sich eng an RHaftpflG anlehnte, wich er doch in *diesem* Punkt bereits von jener Regelung ab. § 6 sah vor:

Die Vorschriften dieses Gesetzes finden keine Anwendung:

1. wenn zur Zeit des Unfalls das Fahrzeug zur Beförderung des Verletzten oder der beschädigten Sache dient oder der Verletzte bei dem Betriebe des Fahrzeugs tätig ist;
2. . . . .

Die Begründung führte dazu aus:

Da der Entwurf nur bezweckt, das Publikum von den ihm aufgedrungenen Gefahren des Automobilbetriebs zu schützen, sieht er (§ 6) Ausnahmen für die Fälle vor, in denen dieser Gesichtspunkt nicht gegeben ist, und für die es bei den allgemeinen Vorschriften des bürgerlichen Rechtes verbleiben soll. Daher soll die Vergünstigung des Entwurfs nicht eintreten, wenn eine Person, die das Fahrzeug zur Beförderung benutzt, eine Verletzung erleidet oder wenn eine Sache beschädigt wird, die mit dem Automobil befördert wird. Im Falle der Personenbeförderung ist für eine Anwendung der Grundsätze des Entwurfs um so weniger Veranlassung, als hier der Verletzte die Gefahr freiwillig übernommen hat. Die Gründe, aus denen der im Reichs-Haftpflichtgesetz vorgesehene Schutz gegen die mit dem Eisenbahnbetriebe verbundenen besonderen Gefahren auch den Reisenden gewährt worden ist, namentlich der Gesichtspunkt, daß die Eisenbahn ein für den Verkehr unentbehrliches Beförderungsmittel bildet und der gleichzeitigen Beförderung einer großen Zahl von Menschen zu dienen bestimmt ist, treffen für den Betrieb von Kraftfahrzeugen, wenigstens zur Zeit, nicht zu. Eine gleiche Ausnahme muß dann gelten, wenn der Unfall eine Person betrifft, die bei dem Betriebe des Fahrzeugs tätig ist. In diesem Falle kommt überdies in Betracht, daß insoweit, als der Betrieb des Kraftfahrzeugs sich als Teil eines versicherungspflichtigen Betriebs darstellt, die dabei beschäftigten Personen schon durch die Unfallversicherungs- und Unfallfürsorgegesetze geschützt sind.

Zwei Gründe also rechtfertigen die Abweichung von der Eisenbahnhaftung: Zweck des Gesetzes sei Schutz der Öffentlichkeit gegen die ihr aufgedrungenen Gefahren, Schutz der

Fahrzeuginsassen sei daher entbehrlich; ferner übernähmen die Insassen freiwillig die Betriebsgefahren, was man von den Eisenbahnfahrgästen deshalb nicht sagen könne, weil die Eisenbahn unentbehrliches Beförderungsmittel sei.

Der Regierungsentwurf 1908 hielt an dieser Gestaltung fest; mit schärferer Fassung besagte sein § 2:

Die Vorschriften des § 1 finden keine Anwendung:

1. wenn zur Zeit des Unfalls das Fahrzeug zur Beförderung des Verletzten oder der beschädigten Sache diente oder der Verletzte bei dem Betriebe des Fahrzeugs tätig war;
2. . . . .

und begründete die Bestimmung sachlich in der gleichen Weise wie der Entwurf 1906

b) Der Bundesrat gab der Nr 1 des § 2 die Fassung (Reichstagsdrucksache Nr 988, 1907/1909), die dann in § 8 Nr 1 auch Gesetz wurde:

1. wenn zur Zeit des Unfalls der Verletzte oder die beschädigte Sache durch das Fahrzeug befördert wurde oder der Verletzte bei dem Betriebe des Fahrzeugs tätig war;

Die Begründung für die Ausnahmebehandlung der Fahrgäste mit freiwilliger Gefahrübernahme traf schon damals nicht uneingeschränkt zu. Von freiwilliger Übernahme konnte in vielen Fällen nicht die Rede sein: Beförderung im Heeresdienst, von Gefangenen, Bewußtlosen, Kindern ua. Tatsächlich entsprang die Sonderbestimmung über die Insassen mehr dem schon damals vorhanden gewesenen Bewußtsein, daß dem Kraftverkehr mit der Ausgestaltung der Haftpflichtvorschriften eigentlich doch wohl eine Belastung zugemutet werde, die möglicherweise über das erträgliche Maß hinausgehe. Der Gesichtspunkt freiwilliger Gefahrübernahme gab nur eine willkommene Begründung und war rechtlich schwer anzugreifen. Zur Zeit ist er jedenfalls nach der Entwicklung des Kraftverkehrs nicht mehr durchschlagend:

Einmal besteht für weite Personenkreise schlechthin die Notwendigkeit einer Benutzung des Kfzs; man denke insb an den großstädtischen Omnibusverkehr. Das Kfz ist unentbehrliches Beförderungsmittel geworden, wie die Eisenbahn.

Ferner aber kann nach der technischen Entwicklung des Kfzs, seinem hohen Grad Betriebssicherheit und technischer Vervollkommnung, keine Rede davon sein, daß nach der Vorstellung des normalen Menschen mit der Benutzung eines Kfzs eine besondere Gefahr übernommen wird. Daraus wurde aber zunächst nicht die Folgerung gezogen. daß die Ausnahmebestimmung der Gefährdungshaftung des § 7 KFG nach dem Vorbild des RHaftpflG auch auf die Insassen auszudehnen sei; man glaubte, es könnten nicht die Verhältnisse des Eisenbahnbetriebs denen des Kfzs derart gleichgestellt werden, daß sich daraus mit Notwendigkeit gleiche Behandlung der Insassen beider Verkehrsunternehmen ergäbe. Bei der Eisenbahn handele es sich um Haftung für die Beförderung von Personen und Gütern; das KFG aber bezwecke den Schutz der Öffentlichkeit. Zwar regele ein neueres, nach dem KFG erlassenes Gesetz, das LuftVG vom 1. 8. 1922 (RGBl I S 681), die Haftpflicht des Halters Fluggästen gegenüber in fast gleicher Weise, wie das RHaftpflG; diese haben gegen jenen Anspruch auf Ersatz von Unfallschäden auch aus der Gefährdungshaftung, stehen somit dem unbeteiligten verletzten Dritten gleich. Aber im Gegensatz zum RHaftpflG (§ 5: „Die Unternehmer sind nicht befugt, die Anwendung der in §§ . . . enthaltenen Bestimmungen zu ihrem Vorteil durch Verträge . . . im voraus auszuschließen oder zu beschränken. Vertragsbestimmungen, welche dieser Vorschrift entgegenstehen haben keine rechtliche Wirkung") konnte der Luftfahrzeughalter die Haftung den Fluggästen gegenüber ausschließen oder beschränken. Der Reichstag hatte die Gefährdungshaftung des Luftfahrzeughalters den Fluggästen gegenüber ausdrücklich nur in der Erwägung gutgeheißen, daß die Möglichkeit der Wegbedingung dieser Ansprüche bestehe. Es verblieb also zunächst beim Ausschluß des Anspruchs der Insassen aus der Gefährdungshaftung. Der Anspruch des Insassen gegen den Halter aus Beförderungsvertrag oder unerlaubter Handlung wurde ja durch § 8 nicht berührt.

c) Das ÄndGes 7. 11. 39, RGBl I 2223 gab dem § 8 die bis zum ÄndGes 16. 7. 57 gültig gewesene Fassung. Sein Abs 2 hatte gelautet:

Ist der Verletzte oder die beschädigte Sache zur Zeit des Unfalls durch ein Kraftfahrzeug befördert worden, so haftet der Halter dieses Fahrzeugs nach § 7 nur dann, wenn es sich um entgeltliche Beförderung durch ein dem öffentlichen Verkehr dienendes Fahrzeug handelt. Die Verpflichtung des Halters, wegen Tötung oder Verletzung beförderter Personen Schadenersatz nach § 7 zu leisten, darf weder ausgeschlossen noch beschränkt werden; entgegenstehende Bestimmungen und Vereinbarungen sind nichtig.

Schon früher hatte man erwogen, den Insassen von Kfzn im öffentlichen Verkehr einen Anspruch aus der Gefährdungshaftung zu geben; auch auf dem 35. Deutschen Juristentag (Salzburg 1928) hatte man sich dafür ausgesprochen.

Die **Begründung** besagte:

In Abweichung von den Vorschriften des Reichshaftpflichtgesetzes hat das Kraftfahrzeuggesetz den Personen und Sachen, die in dem Kraftfahrzeug selbst befördert werden, seinen besonderen Schutz versagt, dh für Verletzung und Beschädigung dieser Personen und Sachen wird nur nach den allgemeinen Vorschriften, also bei Verschulden, gehaftet. Diese Regelung findet ihre Erklärung darin, daß das Gesetz nur bezweckte, das Publikum vor den ihm aufgedrungenen Gefahren des Automobilbetriebes zu schützen . . . Die Vergünstigung des Gesetzes sollte nicht eintreten, wenn eine Person, die das Fahrzeug zur Beförderung benutzt, eine Verletzung erleidet . . . Im Falle der Personenbeförderung ist für eine Anwendung der Grundsätze des Gesetzes um so weniger Veranlassung, als hier der Verletzte die Gefahr freiwillig übernommen hat. Die Gründe, aus denen der im Reichshaftpflichtgesetz vorgesehene Schutz . . . auch den Reisenden gewährt worden ist, namentlich der Gesichtspunkt, daß die Eisenbahn ein für den Verkehr unentbehrliches Beförderungsmittel bildet und der gleichzeitigen Beförderung einer großen Zahl von Menschen zu dienen bestimmt ist, treffen für den Betrieb von Kraftfahrzeugen wenigstens zur Zeit nicht zu." (Begründung des Entwurfs des Kraftfahrzeuggesetzes). **Gerade diese Begründung zeigt deutlich, daß die im Jahre** 1909 getroffene Regelung heute schlechterdings nicht mehr vertretbar ist. Der Kraftwagen ist, insbesondere soweit er dem öffentlichen Verkehr dient, ein absolut notwendiges Verkehrsmittel geworden, und es ist nicht zu verantworten, die Personen und Güter, die derartige Kraftwagen (Droschken, Autobusse) benutzen, schlechter zu stellen als die von der Eisenbahn oder Straßenbahn beförderten. Aus diesem Grunde konnte § 8 Nr 1, der den Schutz des Gesetzes jeder mit dem Kraftfahrzeug beförderten Person oder Sache **versagte, nicht aufrechterhalten bleiben. Anderseits erschien** es aber auch nicht notwendig, hier allzu weit zu gehen und jedem Insassen eines Kraftfahrzeugs den Schutz der Gefährdungshaftung zu geben, da **hierin zB bei Gefälligkeitsfahrten eine übermäßige** und ungerechtfertigte Belastung des Halters liegen könnte. Deswegen beschränkt sich der Entwurf darauf, die Haftung aus dem Kraftfahrzeuggesetz denjenigen Personen und Sachen zugute kommen zu **lassen, die durch ein dem öffentlichen Verkehrs dienendes Kraftfahrzeug entgeltlich befördert werden.** Um zu verhindern, daß den durch Kraftfahrzeuge beförderten Personen der erhöhte Schutz, den der Entwurf vorsieht, durch Benutzungsordnungen oder vertragliche Vereinbarungen entgegen, der Absicht des Gesetzgebers wieder entzogen wird, wird bestimmt, daß die Haftung aus § 7 für Personenschäden unabdingbar ist.

d) Bis zur Änderung 16. 7. 57, BGBl I 710 hatte § 8 in seinem (durch dieses Ges gestrichenen) Abs 2 die Ersatzpflicht des Halters für Schäden an beförderten Personen und Sachen geregelt; oben c). Anlaß zur sachlichen Umgestaltung waren lt Begr die Zweifel (20. Aufl 298—303) über den Begriff „öff Verkehr". Die Regelung des früheren § 8 II enthält jetzt (seit G 16. 7. 57) § 8 a.

Übersicht

A. Die sachliche Regelung

I. Nichtgeltung des § 7

a) Keine Sonderhaftung

Hierüber A I a zu § 8, ferner Leitsatz und Vorbem c) und d) zu § 8 a. Inhalt von „haftet nach § 7 nur“:

1. „Nur“ bedeutet in kürzester Form den dem § 8 a gedanklich vorauszuschickenden Rechtssatz, daß, abweichend von dem dem verletzten Menschen schlechthin (B II a zu § 7 I) den Anspruch aus der Gefährdungshaftung gebenden § 7 I, den Insassen im Ausnahmewege dieser Anspruch genommen werden soll, was bis zur Änderung 7. 11. 39 der § 8 ausdrücklich bestimmt hatte.

2. „Haftet nach § 7“ bedeutet: im Wege der Rückausnahme (zur Ausnahme der Insassen von der Gefährdungshaftung) wird der Anspruch aus der Gefährdungshaftung (B I c) wiederhergestellt.

3. „Aus § 7“: siehe unter A II.

Grundsätzlich gilt die Gefährdungshaftung, §§ 7 ff, für jeglichen Schaden; ausgenommen wurde schon ursprünglich der Schaden an beförderten Personen und Sachen. Auch bei ihm gab aber das Ges 7. 11. 39 — im sachlichen Zusammenhang mit der gleichzeitigen Einführung der Haftpflichtversicherungspflicht — doch wieder dem Grundsatz der Gefährdungshaftung volle Geltung zurück, aber nicht allg, sondern nur dann, wenn es sich um entgeltliche Beförderung durch ein dem öff Verkehr dienendes Fz handelte. Nur in solchem, durch die Änderung 1957 schärfer erfaßten Fall verbleibt es bei dem Grundsatz der Gefährdungshaftung.

Die Verneinung der Gefährdungshaftung ggüb Betriebstätigen stellt eine allgemeine, von der FzGeschwindigkeit unabhängige Ausnahme von § 7 dar; die besondere Ausnahme ist die Verneinung der Gefährdungshaftung für langsame Fze.

Möglichkeit, Ansprüche auf Verletzung eines Schutzgesetzes zu gründen: A I b 10.

b) Bürgerliches Recht

Gilt der Grundsatz der Gefährdungshaftung nicht — weil der unfallgeschädigte Insasse nicht die Ausnahmebehandlung nach § 8 a erfährt —, so verbleibt es also bei den Bestimmungen des bürgerl Rechts. Hier kommt hauptsächlich Vertragshaftung des Halters in Frage, unten 1—9, und insb nach § 278 BGB. Haftung für Verschulden des Führers als Erfüllungsgehilfen. Daneben kann § 831 anwendbar sein, da regelmäßig der Halter den Führer zu der Verrichtung bestellt haben wird, in deren Ausführung der Vertragsgegner, zB Besteller im Werkvertrag, widerrechtlich verletzt worden ist; für die in solchem Fall dem Halter gegebenen Entlastungsmöglichkeiten kann die (von ihm zu beweisende) Schuldlosigkeit seines Führers insofern von Bedeutung sein, als sie den Beweis ermöglichen könnte, daß auch der sorgfältig Ausgewählte nicht anders als der Führer hätte handeln können; RG 9. 2. 31, DAR 121.

Gemeinsame Fahrt von Geschäftstreibenden im Kraftwagen eines von ihnen gegen Entrichtung des Eisenbahnfahrgeldes an den Eigentümer des jeweils benutzten Wagens als Gesellschaftsvertrag: Bsl 28. 5. 37, VAE 1938, 287.

1. Das Rechtsverhältnis zwischen Fahrzeughalter und befördertem Fahrzeuginsassen oder Absender der beförderten Sache wird in erster Linie bestimmt durch die Vorschriften des BGB über Werkvertrag.

Daneben können die Bestimmungen über Frachtgeschäft (§ 425 HGB) eingreifen, nämlich, „wenn der Transportunternehmer nicht nur die bewegende Kraft zum Zwecke der Beförderung zur Verfügung stellt, sondern wenn ihm der zu befördernde Gegenstand außerdem zum Zwecke der Beförderung in seine Obhut übergeben wird“; RG 67, 10; zB die auf einem Fahrzeug verladenen Güter werden durch eine davorgespannte Zugmaschine, deren Führer Leitung, Aufsicht und Verantwortlichkeit für den Transport hat, befördert.

Verantwortlichkeit des Frachtführers (Ff): Nach § 431 HGB hat er Verschulden seiner Leute und Verschulden anderer Personen, deren er sich bei Ausführung der Beförderung bedient, wie eigenes zu vertreten. Dies entspricht hinsichtlich der „anderen Personen“ der Regelung in § 278 BGB. Weiter als nach § 278 BGB geht dagegen die Haftung für Verschulden „seiner Leute“, dh seiner Angestellten. Hier ist die bei den „anderen Personen“ geltende Einschränkung „bei Ausführung der Beförderung“ nicht gemacht, der Ff haftet auch dann, wenn das Verschulden seiner Leute nicht die Ausführung der ihnen obliegenden Verpflichtungen betrifft.

Wird ein Kfz unter Gestellung des Führers gegen Entgelt zur Benutzung überlassen, etwa ein Lkw zur Beförderung bestimmter Güter, und wird der Transport von demjenigen ausgeführt, dem der Wagen überlassen wird, so liegt nicht Werk-, sondern Mietvertrag vor, der mit Rücksicht auf die Gestellung des Führers durch den Vermieter als Mietvertrag in Verbindung mit Dienstverschaffungsvertrag (RG 56, 361; 98, 327) zu bezeichnen ist und für den die Regeln von der Miete gelten, RG 20. 10. 25, JR 1926, 6. — Der Vermieter hat die Pflicht, nur völlig betriebssichere Fahrzeuge zur Verfügung zu stellen; RG 24. 9. 28, LuK 337.

Wird ein Kfz gegen Entgelt zur völlig freien Verfügung überlassen, so kann sich der Überlassende nicht zur Herbeiführung eines wirtschaftlichen Erfolges mittels Verwendung des Fahrzeug verpflichten; es liegt dann Sachmiete, nicht Werkvertrag vor; das Entgelt ist nicht Gegenleistung für erzielten Erfolg, die Durchführung einer Reise mittels Kfzs, sondern Entgelt lediglich für Benutzung des Fahrzeugs innerhalb gewissen Zeitraums; RG 48, 91.

Wird das Kfz in gleicher Weise, aber mit Führer, zur Verfügung gestellt, so liegt Sachmiete in Verbindung mit Dienstverschaffungsvertrag vor; vgl oben.

In anderen Fällen, in denen das Fahrzeug nicht zur völlig freien Verfügung überlassen wird, hängt es von den besonderen Vereinbarungen und Umständen ab, ob Miet- oder Werkvertrag vorliegt.

Ist das Fahrzeug gegen Entgelt überlassen, zB vermietet, und dabei ein Führer mit gestellt worden, so bleibt der Führer Angestellter des Vermieters, auch wenn der Mieter das Recht hat, dem Führer maßgebliche Befehle zu erteilen. Soweit der Mieter diese Befugnis ausübte, würde er nur im Auftrag des Vermieters als dessen Vertreter tätig sein. Dienstberechtigter bliebe allein der Vermieter. Dem Führer wurde also die Führung nicht vom Mieter anvertraut; vgl RG 98, 327; B III b 3 zu § 16.

Vertragsschluß zugunsten eines Dritten, zB Ehemann im eigenen Namen über Beförderung seiner Frau.

Darüber, ob den Vertragsanspruch jeder Insasse hat, und nicht nur, wer den Vertrag abgeschlossen hat, also auch die Mitglieder der Familie, deren Haupt eine Droschke genommen, vgl RG 87, 64 u 289; RG 24. 6. 30, DAR 313. — Gefahren großstädtischen Omnibusverkehrs, mit denen der Insasse rechnen muß (Schleudern): KG 13. 9. 37, VAE 516. Pflicht des Unternehmers, bequem erreichbare Haltevorrichtungen für die Fahrgäste anzubringen; Dsd 22. 9. 38, VAE 519.

2. Bei gewerbsmäßiger Übernahme der Beförderung von Gütern mittels Lkw regelt sich das Rechtsverhältnis zwischen Absender und Frachtführer hinsichtlich der beförderten Sache nach BGB (Werkvertrag), soweit nicht der 6. Abschnitt des 3. Buches des HGB Besonderes bestimmt.

3. Ferner kann Mietverhältnis vorliegen, zB Miete eines Kraftrades, eines Kraftpfluges, den der Mieter zur Feldbestellung von seinen Leuten bedienen läßt, eines vom Arzt selbst gefahrenen Ersatzfzs für das zZ instandgesetzte. Dagegen liegt Werkvertrag vor, wenn der Landwirt das Pflügen seines Feldes mittels Kraftpfluges durch einen Unternehmer bewirken läßt, wenn der Arzt zu bestimmter Krankenrundfahrt sich täglich für bestimmte Zeit einen Kraftwagen mit Führer stellen läßt. — Reine Schlepptätigkeit zB Schleppen von Anhängern durch Zugmaschinen, ist Miet- oder Werkvertrag, ggf Auftrag. Haftung des Abschleppunternehmers für ordnungsmäßige Durchführung des Abschleppens gilt als ggf stillschweigend vereinbart; Stg 7. 5. 51, 5 U 666. 50. — Haftung des Vermieters für seine dem vermieteten Kfz mitgegebenen Fahrer: Dsd 23. 2. 43, VAE 95. — Vermietetes Fz „anvertraute Sache" (§ 246 StGB): BGH 13. 3. 56, NJW 837.

4. Weiter kommt Leihe in Frage, zB der Halter des Fzs überläßt es seinem Freund unentgeltlich.

5. Auch Auftragsverhältnis zwischen Fahrzeuginsassen und -halter ist denkbar; §§ 662 ff BGB. Denn Gegenstand eines Auftrags kann auch jede rein tatsächliche Handlung bilden; aber es muß sich doch eben um eine Handlung, und zwar im engeren Sinn handeln — wie bei den früheren preußisch-rechtlichen „Verträgen über Handlungen"; RG 65, 17; das bloße Gewährenlassen — Einräumen eines Platzes auf ohnehin fahrendem Wagen, vgl unter 6 — reicht nicht aus. Wohl aber liegt zB Auftragsverhältnis vor, wenn sich jemand verpflichtet, einen am Fuß Verletzten für die Dauer der Erkrankung unentgeltlich zur Arbeitsstelle zu fahren.

6. Wird jemand in ohnehin fahrendem Wagen mitgenommen, so ist verschiedene Beurteilung denkbar.

Über Gefälligkeitsfahrten: Arndt, JW 1929, 898; Koch, JW 1931, 3301; Stiefel, DAR 1932, 259; Krückmann, JW 1932, 3688; Becker, Gefälligkeitsfahrten, Berlin 1932; Louis und Guelde, JW 1936, 425 und 1584; Guelde, VAE 1936, 166; Fischer in den Abhandlungen des Kieler Seminars für Deutsches Gemeinrecht Heft 2; Koffka in der Festschrift für Bumke S 302. Gefälligkeitsschwarzfahrt: DAR 1932, 83.

Gefälligkeitsfahrt — Vorbemerkung

Nach BGH 21, 102 (22. 6. 56, VRS 11, 161) setzt Gefälligkeit (im engeren Vertragsrechtsinn) Unentgeltlichkeit voraus.

A) Unentgeltliche Mitfahrt
- I. mit dem Halter des Fzs
  - a) Mitnahme aus Mitleid, Menschenfreundlichkeit,
    - 1. keine Vertragsbindungen, auch nicht bei Erklärung: ich nehme Sie bis X-Stadt mit,
    - 2. Ausschließen der Haftung durch Halter und Verzicht des Mitgenommenen auf Ansprüche (aus Fahrlässigkeit) im Hinblick auf die
      - a[1]) Besonderheit der Fahrt (Bierreise, Rennen),
      - b[1]) Wegbeschaffenheit,
      - c[1]) Beförderungsart (Stehen auf Zughaken der Zugmaschine).
  - b) Verabredung eines Ausflugs der Ehepaare A und B im Wagen des A
    Rechtslage wie bei a.
  - c) Zusage des A, auf seiner Fahrt den Freund B mitzunehmen,
    - 1. regelmäßig zum (gemeinsamen) Arbeitsort,
      Rechtslage wie bei a, aber (nicht rechtliche!) Pflicht zur etwaigen Absage,
    - 2. bis zum Abreisebahnhof
      Rechtslage wie bei 1; ob Unterlassung möglicher rechtzeitiger Absage (Autoschaden) Schadenersatzpflicht auslöst, ist nach Lage des Falls zu entscheiden;

II. mit dem Führer des Fzs,

a) ist er zur unentgeltlichen Mitnahme berechtigt, so gilt für das Rechtsverhältnis des Mitfahrenden zum Halter das bei I ausgeführte,

b) Grundsätzlich aber gilt der Führer nicht ohne weiteres als vom Halter zur unentgeltlichen Mitnahme ermächtigt, auch nicht zum Schließen unentgeltlicher Beförderungsverträge. Mangels Ermächtigung wird der Halter aus der Handlungsweise seines Führers nicht verpflichtet.

B) Entgeltliche Mitfahrt

I. Vertrag mit dem Halter,

a) der bei A I b behandelte gemeinsame Ausflug, bei dem nun B einen Teil der Fahrkosten trägt. Hier zwar keine Pflicht des A, den Ausflug durchzuführen; tut er es aber, so ist er vertraglich an die Vereinbarungen über die Fahrt gebunden. Haftung aus Vertrag, aber nicht für leichte Fahrlässigkeit,

b) die bei A I c 1 behandelte Mitnahme zur Arbeitsstelle. Trägt B einen Teil der Fahrkosten, so hat A die Pflicht zur Durchführung der Fahrten mit dem Recht der Aufkündigung. Er haftet aus Vertrag, auch für leichte Fahrlässigkeit,

c) die bei A I c 2 behandelte Mitnahme zum Bahnhof ist bei Entgeltlichkeit der Mitnahme wie b zu beurteilen.

II. Vertrag mit dem Führer,

a) ist der Führer berechtigt, für den Halter Verträge zu schließen — dazu unten A III — (oder genehmigt der Halter), so wird vertraglich nur der Halter verpflichtet,

b) handelt der Führer ohne Ermächtigung des Halters, so wird nur er, nicht der Halter vertraglich verpflichtet, sei es, daß der Halter von der Beförderung überhaupt nichts weiß oder er zwar von der Beförderung weiß, aber nicht, daß der Führer ein Entgelt ausbedungen hat.

Bedeutung des Gefälligkeitscharakters für die Bemessung des Schmerzensgeldes: BGH GSZ 1, 55 (6. 7. 55, BGH 18, 149; DAR 276; VRS 9, 325). Kein schlechthin geringeres SchmG: Schlw 28. 8. 56, 7 U 7. 56.

Die Gefälligkeit bei der Mitnahme kann verschiedene Bedeutung haben:

a[1]) es kann der Wille zu rechtlicher Bindung und damit zu vertraglicher Haftung fehlen; unten a[1]);

ob Vertragsverhältnis vorliegt, ist Tatfrage; RG 145, 39, im Zweifelfall wohl zu verneinen;

b[1]) es kann Ausschluß der Haftung (aus Vertrag, Verschulden, Gefährdung) rechtsgeschäftlich vereinbart sein; zulässig in den Grenzen von §§ 276 II, 138 BGB bei ent- und unentgeltlichen Fahrten; kann auch stillschweigend vereinbart sein; man kann Haftung auf grobes Verschulden beschränken oder Haftung auch dafür ausschließen; unten b[1]);

c[1]) es kann Handeln auf eigene Gefahr vorliegen; keine vertragliche Vereinbarung, nur einseitige empfangsbedürftige Willenserklärung; Einwilligung in eine etwaige Verletzung, daher Widerrechtlichkeit ausgeschlossen. — Voraussetzung: Möglichkeit einer Gefährdung und Bewußtsein davon, unten c[1]).

Hierzu Ksr 19. 4. 50, 1 U 125. 49.

Zu b[1] und c[1]. Haftungsausschluß durch Verzicht auf Haftung oder unter dem Gesichtspunkt des Handelns auf eigene Gefahr setzt Willenserklärung des Mitfahrenden voraus; BGH 17. 5. 51, DAR 145. Verzicht nur durch Vertrag. Verzicht und Gefahrübernahme können — auch ohne ausdrückliche Erklärung und Annahme — vorliegen, wenn sich der Mitfahrende keine besonderen Gedanken oder Vorstellungen darüber gemacht hat, aber sein Verhalten nach den Umständen unter Berücksichtigung der Anschauungen billig Denkender vom Führer so aufgefaßt und ausgelegt werden muß und darf, daß der Mitgenommene auf Haftung verzichten oder auf eigene Gefahr handeln wollte; BGH aaO.

a[1]) Bloße Gestattung des Mitfahrens kann tatsächlicher Vorgang **ohne rechtliche Bedeutung** sein; RG 65, 17. Entscheidend, ob ein Vertrag — der auch eine unentgeltliche Beförderung (Mitnahme) zum Gegenstand haben kann — vorliegt, ist der rechtsgeschäftliche Verpflichtungswille der Beteiligten (unten b[1]), der die Bindung des einen Teils bezweckt, dem andern einen Anspruch auf Beförderung zu verschaffen; Ddf 31. 3. 49, RdK 1950, 76.

Nimmt A in seinem Kfz den Wanderer B bis zur nächsten Ortschaft aus Mitleid mit, so handelt es sich um einen Vorgang ohne vertragliche Bindung; vgl RG 21. 6. 38, VAE S 341. Fahrteinladung an ein auf der Straße angesprochenes unbekanntes Mädchen: Hbg 30. 11. 32, HansRZ 1933, 190. Gefälligkeit begründet für sich allein kein Rechtsverhältnis; Verantwortlichkeit für Unfallschäden nur aus unerlaubter Handlung; ein Rechtsverhältnis entsteht erst mit der Schadenszufügung. Die Absicht, sich für die Mitnahme erkenntlich zu erzeigen, schließt die Beurteilung der Fahrt als Gefälligkeitsfahrt nicht aus; Ddf 7. 6. 37, VAE 401. Im Verhältnis zwischen Geschwistern spricht gewöhnlich natürliche Betrachtungsweise weniger für einen Schadensersatzverzicht als für die Unterhaltung der Schwester durch den Bruder; RG 13. 5. 39, VAE 326. Aber allein die Unentgeltlichkeit der Mitnahme steht der Annahme eines Vertragsverhältnisses nicht entgegen, s a Nmbg 3. 1. 30, VR 225; RG 16. 4. 31, DAR 249; Mitfahren im persönlichen Interesse des Halters läßt auf dessen Willen schließen, sich vertraglich zu binden; RG 16. 3. 32, DAR 231; geschäftliches Interesse, sich einen Kunden zu erhalten: Dsd 18. 12. 36, VAE 37, 118. Dann grundsätzlich Vertragshaftung. S a RG 65, 17.

Auch außerhalb eines Vertragsverhältnisses besteht die allg Sorgfaltspflicht. Dazu Jena 14. 11. 29, DAR 31, 40; unentgeltliche Gefälligkeitsfahrt befreit den Führer nicht dem Mitgenommenen gegenüber von der Pflicht zur Beachtung der Verkehrsvorschriften. Trotz Unvollständigkeit der ausgetauschten Erklärungen kann es nach den Umständen als selbstverständlich erscheinen, daher als stillschweigend vereinbart zu erachten sein, daß der die unentgeltliche Mitfahrt Gestattende von der Haftung für die Gefahr befreit sei, der sich aussetzt, wer sich dem Fz anvertraut; RG 65, 313; 67, 431.

Soll der behauptete Haftungsausschluß auf ausdrücklicher oder stillschweigender Vereinbarung beruhen, so muß der Verzichtende den rechtsgeschäftlichen Verzichtswillen haben und zu erkennen geben oder mindestens ein nach Treu und Glauben als Ausdruck solchen Willen zu deutendes Verhalten zeigen; RG 7. 7. (nicht 7. 5.) 32, VR 464. Sehr weit geht in Ablehnung stillschweigenden Haftungsausschlusses Dsd 3. 6. 37, VAE 401.

Eine Ankündigung, die Fahrt erfolge auf eigene Gefahr des unentgeltlich Mitgenommenen (siehe auch unten), bedeutet regelmäßig nicht Ausschluß der Haftung auch für Verschulden, vielmehr nur, daß die Beförderung im ordnungsmäßigen Kfzbetrieb mit den diesem an sich innewohnenden Gefahren erfolgt; zust KG 3. 8. 38, VAE S 395; die allgemeine Verkehrspflicht, eine Beschädigung des Mitfahrenden durch Beachtung sachgemäßer Sorgfalt zu vermeiden, entfällt nicht. Vgl RG 16. 4. 31, DAR 249; Ddf 30. 6. 49, RdK 45. Aus jener Ankündigung durch ein Wagenschild kann nach RG 145, 390 nur Ausschluß der Gefährdungshaftung geschlossen werden, die bei Insassen nur in entgeltlicher geschäftsmäßiger Beförderung in Frage kommt. Ferner ist bei der Verschiedenartigkeit der Fälle nicht anzunehmen, daß die Erklärung jedem Beförderten gegenüber abgegeben werden soll; weiter ist allein aus der Kenntnisnahme durch den Insassen noch nicht seine Zustimmung zu jener Erklärung zu entnehmen; die Kenntnisnahme liegt idR nach der Einigung über die Beförderung; nämlich nach dem Einsteigen. Dazu RdK 1935, 123. Bewußtsein der Fahrt „auf eigene Verantwortung" bei Mittellosigkeit des Halters: Dsd 24. 9. 36, VAE 575.

Unentgeltlichkeit als für den Ausschluß auch der Fahrlässigkeitshaftung sprechender Umstand: RG 29. 7. 31, DAR 32, 90; 3. 3. 32, DAR 234; Dsd 4. 6. 33, JW 2157; KG 3. 8. 38, VAE 395; C zu § 7 II.

Macht jemand im Wagen eines anderen eine Fahrt ohne Eingehung eines Vertrages mit, so kann stillschweigender Verzicht auf die Haftung angenommen werden; auch bei grober Fahrlässigkeit?: BGH 23. 3. 55, VRS 9, 94. Annahme eines Verzichts auf Gefährdungshaftung kommt nur bei entgeltlicher geschäftsmäßiger Beförderung in Frage, weil seit den Änderungen 1939/1957 diese Haftung sonst nicht Platz greift; bei anderer Beförderung kann es sich nur um Verzicht auf Verschuldenshaftung des § 16 handeln.

Die Würdigung des Falls kann auch zu dem Ergebnis führen, daß nach dem, wenn auch nicht hervorgetretenen Willen der Vertragsteile Haftungsausschluß nicht habe Platz greifen sollen, obwohl es sich um unentgeltliche Mitnahme gehandelt hat; im allg wird stillschweigender Verzicht auf die Schuldhaftung nur unter ganz besonderen Umständen angenommen werden können; RG 11. 11. 26, VR 249; Fkf 17. 3. 27, VR 28, 479; zust ObGH Wien 18. 3. 30, VR 31, 89 mit Bem in JW 31, 909; Tüb 27. 10. 49, RdK 45, und die Kenntnis des Mitfahrenden vom Bestehen einer Versicherung des Halters spricht regelmäßig gegen Verzichtsabsicht; RG 28. 5. 34, JW 2033; 9. 11. 36, VAE 37, 36; 21. 6. 38, VAE 341; KG 3. 8. 38, VAE 395; RG 1. 2. 26, JR 1046. Bedeutung des Bestehens einer Versicherung für die Frage, ob der Halter mit dem Ausschluß seiner Haftung einverstanden war: RG 10. 1. 41, VAE 66; ob er ein entsprechendes Angebot des Verunglückten stillschweigend angenommen hat: RG 21. 1. 41, VAE 74. Richterliche Fragepflicht nach dem Bestehen einer Versicherung, wenn Haftungsausschluß behauptet wird; RG 13. 5. 39, VAE 326.

Wirkung eines Verzichts auch gegenüber den Erben des Getöteten: D zu § 10 Abs 2, B IV zu § 10 Abs 1.

Mit- (Selbst-) Verschulden auf Gefälligkeitsfahrt, zB Mitfahrer veranlaßt Führer zum Alkoholgenuß oder zu unvorsichtigem Fahren, § 254 BGB: Krückmann, JW 32, 3688; RG 141, 262. — Unzulässigkeit des Einwandes der Arglist des Mitschuldigen; RG 21. 6. 38, VAE Nr 477 u 478.

Bei Fehlen besonderer Anhaltspunkte ist der Ausschluß der Haftung für grobes Verschulden zu verneinen; RG 18. 9. 30, DJZ 1931, 360; KG 20. 12. 29, JW 1931, 891; RG 28. 1. 37, VAE 182, und zwar auch dann, wenn der Verletzte das Schild „Mitfahrt auf eigene Gefahr" gelesen haben sollte (siehe oben); RG 8. 2. 32, DAR 232.

Übernahme der Gefahr bedeutet iSd BGB idR, daß die Einwilligung in die mögliche Schädigung die Widerrechtlichkeit der Schadenszufügung beseitigt; RG 141, 265; BGH 17. 5. 51, DAR 143; hiergegen Old 1. 11. 55, DAR 56, 296: nicht Einwilligung mit daraus folgender Beseitigung der Rechtswidrigkeit sei rechtssystematisch der Grund des Haftungsausschlusses, sondern weil Ersatzforderung aus der vom später Geschädigten übernommenen Gefahr gegen Treu und Glauben verstieße. Das für ein „Handeln auf eigene Gefahr" (s unten) aufgestellte Erfordernis des Bewußtseins der Möglichkeit einer Gefährdung gilt auch für die stillschweigende Vereinbarung eines Haftungsausschlusses; RG 14. 10. 41, VAE 42, 9.

Bei Mitfahrt mit einem unter Alkoholwirkung stehenden Führer ist zur Annahme stillschweigenden Haftungsausschlusses das Bewußtsein erforderlich, daß der Führer durch den Alkoholgenuß nicht mehr zur sicheren Lenkung imstande ist; RG 18. 5. 38, VAE 286; Wissenmüssen genügt nicht; RG 21. 1. 41, VAE 74; anders zur Annahme mitwirkenden Verschuldens; B III d zu § 16. Vergnügungsweinreise: RG 128, 229. Bierreise, Verzicht?: RG 20. 2. und 25. 6. 36, VAE 338 u 515; 28. 4. 32, VR 341. Bei gemeinsamem Wirtshausbesuch und Kenntnis der Mitfahrer davon, daß der Führer erst kürzlich die Prüfung gemacht hat, liegt stillschweigender Haftungsausschließungsvertrag vor; Ddf 7. 6. 37, VAE 401. Fahrt mit der Geliebten unter Alkoholwirkung beider: Dsd 21. 11. 35, VAE 36, 277. Ein Rechtssatz, daß bei Gefälligkeitsfahrt nur für grobes Verschulden des Führers gehaftet wird, ist nicht anzuerkennen; Dsd 31. 3. 37, VAE S 329; Hamm 8. 11. 38, VAE 39, 160; RG 145, 390; Tüb 11. 10. u 22. 11. 51, DAR 178 u 1952, 6. Anders RG JW 1914, 589. Haftung des aus Gefälligkeit Abschleppenden für Überschreitung der Geschwindigkeit, mitwirkendes Verschulden des Geschleppten: Celle 12. 4. 48, RdK 50, 122.

Haftungsbefreiung, wenn dem Mitfahrenden der Führer als besonders rücksichtslos oder ungeübt bekannt ist, oder wenn der Insasse mindestens mit der Möglichkeit hätte rechnen müssen, daß der Führer schlecht oder unvorsichtig fährt; KG 14. 1. 38, VAE S 147. — Stets ist zu untersuchen, ob der Mitfahrende sich auch mit etwaigen Körperverletzungen einverstanden erklärt hat; BGH 6, 235 (24. 6. 54, DAR 210).

In RG 65, 17 hatte eine Kfzfabrik für den Fall ihrer Beteiligung an einer Zuverlässigkeitsfahrt dem (dann auf der Fahrt verletzten) Kläger einen Platz auf ihrem Wagen angeboten. Liegt nichts weiter vor, als Einladung zur Mitfahrt und Annahme der Einladung, so handelt es sich um einen Vorgang des täglichen Lebens, dessen Bedeutung für die Beteiligten angesichts ihrer Stellung zueinander oder anderer Umstände einer ausdrücklichen Klarstellung durch Worte nicht bedurfte. — Verzicht auf Verschuldenshaftung kann nicht aus der Tatsache allein entnommen werden, daß es sich um Teilnahme an einem Rennen oder einer Dauerprüfungsfahrt gehandelt hat; ein Gewohnheitsrecht in dieser Beziehung besteht nicht; vielmehr müssen besondere Umstände vorliegen, die die Annahme eines Verzichts rechtfertigen; RG JW 1910, 234; 1926, 2534. S auch Guelde, DAR 28, 313. Annahme eines Verzichts des im Kraftwagen Mitgenommenenkommt da nicht in Frage, wo keiner mit besonderen Gefahren gerechnet hat und auch nicht zu rechnen brauchen; RG 21. 6. 38, VAE 341.

Strafrechtlich handelt nach dem seit 1. 6. 33 geltenden § 226a StGB, wer Körperverletzung mit Einwilligung des Verletzten vornimmt, nur dann rechtswidrig, wenn die Tat trotz Einwilligung gegen die guten Sitten verstößt. In der Regel wird auf seiten des dann Verletzten nur Einwilligung in die Vornahme einer gefährlichen, aber aus triftigen Gründen gebotenen oder als zweckmäßig erscheinenden Handlung unter vorheriger völliger Aufklärung über Art und Tragweite der Gefahr vorliegen; die Vornahme ist dann nicht Pflichtverletzung; Einwilligung deckt etwa die Schnelligkeit der Fahrt, nicht aber die Verletzung. — Stillschweigende Einwilligung des Verletzten in möglicher Weise zu erwartende Körperverletzung fordert Bewußtsein der Fahruntüchtigkeit (§ 2 StVZO) des alkoholbeeinflußten Führers, Rechnen mit der Möglichkeit eines Unfalls! dieses Bewußtsein fehlt, wenn der später Verletzte, wenn auch fahrlässig, die Fahruntüchtigkeit nicht erkannt hatte; Ddf 29. 6. 53, Ss 244. 53. — S a zu § 315 a StGB.

Bei Vergnügungsfahrt eines Ehepaares ist stillschweigender Verzicht der Frau auf Schadenersatz anzunehmen; Dsd 27. 2. 41, VAE 136.

b[1]) Die besonderen Umstände können aber trotz Unentgeltlichkeit der Beförderung die Annahme rechtfertigen, daß **rechtliche Bindung beabsichtigt** war, Vertrag vorliegt; RG 68, 429. Es entscheidet der Verpflichtungswille; auch aus Gefälligkeit kann man sich zu einer Leistung verpflichten. Verspricht A, mit seinem Kfz seinen Freund B am nächsten Tag zum Bahnhof (Geschäftsreise des B!) zu fahren, so kann nach Sachlage vertragliche Bindung des A zu der von ihm versprochenen Leistung vorliegen. Wenn also auch die Fahrt unentgeltlich und aus reiner Gefälligkeit erfolgen soll, so kann diese Gefälligkeitsbeziehung Rechtsfolgen (Schadensersatzpflicht) auslösen (vgl oben **a**[1]). Gefälligkeit und Beförderungsvertrag sind nicht gegensätzlich.

Die Tatsache, daß die Beteiligten an einen Unfallschaden offenbar gar nicht gedacht haben, würde richterlicher Prüfung nicht entgegenstehen, was nach dem Willen der Beteiligten in solchem Fall gelten sollte. Insbesondere könnte die Folgerung, daß der Ausschluß jeglicher Haftung stillschweigend vereinbart worden sei, selbst dann gezogen werden, wenn sich weder feststellen noch unterstellen ließe, daß die Beteiligten an einen Schaden gedacht und darin übereingestimmt hätten, daß ein solches Ereignis gewisse Rechtsfolgen haben sollte; RG 67, 431; Ddf 11. 6. 31, RdK 32, 94. Andere Auffassung würde §§ 133, 157 BGB nicht gerecht werden.

Vertragsverhältnis liegt vor, wenn sich der in Anspruch Genommene zur Beförderung seiner Mitfahrer verpflichtet hat; bei bloßem Unkostenersatz kann Auftrag vorliegen; RG 26. 11. 36, VAE 37, 118.

c[1]) Der Begriff des **Handelns auf eigene Gefahr** wird angewendet, wenn ausdrücklicher oder stillschweigender Haftungsausschluß nicht vorliegt, aber der Verletzte sich bewußt einer vermeidbaren Gefahr aussetzt. Wangemann Handeln a e G, NJW 55, 85

Handeln auf eigene Gefahr ist das Inkaufnehmen eines für möglich gehaltenen Schadens; die Einwilligung in eine möglicherweise auf der Fahrt eintretende Verletzung; RG 141, 265; Gefahren, mit deren Verwirklichung man nicht gerechnet hat, hat man auch nicht übernommen; OGH 22. 9. 50, DAR 51, 24. Aber es genügt nicht, daß der dann Verletzte mit der Möglichkeit einer Gefährdung rechnen mußte; er muß sich bewußt (BGH 17. 5. 51, DAR 143) in eine vermeidbare besondere Gefahrenlage, zB Fahrt mit außergewöhnlich hoher Geschwindigkeit, mit angetrunkenem Führer (Tüb 22. 11. 51, DAR 52, 6) begeben, ohne durch rechtliches oder sittliches Gebot dazu verpflichtet zu sein; er erklärt damit nach ständ Rspr (RG 130, 162), den daraus etwa entstehenden Schaden auf sich nehmen zu wollen; zB Fahrt auf Lkw unter Verstoß gg § 34 StVO; OGH 4. 11. 49, NJW 1950, 143. Diese Übernahme des Schadens entfällt aber gegenüber fahrlässigem Verhalten des Führers; OGH aaO; nach Köln 14. 7. 32, DAR 33, 22 übernimmt den Schaden aber nur, wer sich bei verständiger Würdigung sagen muß, daß der Führer die Gefahr nicht meistern wird, was lediglich aus der Tatsache des Alkoholgenusses durch den Führer nicht zu entnehmen sei; auf die hohe Geschwindigkeit allein kann dann ein Verschuldensanspruch nicht gestützt werden, wohl aber zB auf besondere Fehler in der Führung des Fahrzeugs; Celle 17. 1. 28, DAR Nr 9 S 6. Es liegt also Ausschluß gewisser Ansprüche vor; nicht aber wird man, wie Celle will, in solchem Fall den Schaden als dadurch mitverursacht ansehen können, daß der Verletzte „die besonderen Gefahren der Fahrt freiwillig auf sich nehme". Äußerung der Freude an schneller Fahrt kann gegen den Mitgenommenen, der geringe Erfahrungen im Kraftverkehr hat, nicht als Haftungsverzicht für leichtsinniges Fahren gewertet werden; RG 22. 2. 32, DAR 233. — Übernahme des Wagnisses bei Fuchsjagd: Celle 19. 11. 32, DAR 33, 56. — Daraus allein, daß der Mitnehmende (Führer) erst vor kurzem (einigen Monaten) die Fahrerlaubnis erhalten hat, braucht kein Verdacht gegen sein Fahrenkönnen geschöpft zu werden; RG 14. 12. 38, VAE 39, 66.

Annahme des Handelns auf eigene Gefahr, also des Haftungsverzichts, etwa gegen Alkoholgenusses des Führers, setzt voraus: a) tatsächliche Möglichkeit einer Gefährdung eben durch den Zustand des Führers, b) Bewußtsein dieser Möglichkeit beim Verletzten, c) Verursachen des Unfalls eben durch die Alkoholwirkung; RG 141, 262; 20. 2. u 26. 11. 36, VAE 338 u 1937, 117; 28. 1. 37, VAE 182; 21. 6. 38, VAE 343; 25. 2. 39, VAE 201; 14. 10. 41, VAE 42, 9; Hamm 5. 12. 48, 3 U 417. 48.

7. Wird festgestellt, daß ein auf Beförderung gerichteter Vertrag zwischen dem Auffordernden und dem Mitgenommenen vorliegt, so ist der Transportunternehmer verpflichtet, für körperliche Sicherheit der beförderten Person zu sorgen; RG 66, 12; 83, 343; 86, 321; 18. 12. 30, DAR 31, 43; RG 116, 213; 124, 49. Wer einen als Werkvertrag zu beurteilenden Beförderungsvertrag geschlossen hat, kann vom Unternehmer verlangen, ohne Gefährdung der Gesundheit oder sonstiger Rechtsgüter ans Ziel gebracht zu werden; Verschaffung ungefährdeter Abgangsmöglichkeit (schadhafter Haltestellenbordstein): Ksr 23. 9. 55, VRS 10, 81. Das Maß der im Verk erforderlichen Sorgfalt bestimmt sich nach den berechtigten Anforderungen dieses Verk; RG 95, 16; 119, 397. Den Fahrgästen ist gewisse Rücksicht und Umsicht zuzumuten; RG 126, 329; 98, 327. — Bei öff VerkUnternehmungen (Kraftomnibuslinien) ist der Beförderungsvertrag idR bereits mit dem Einsteigen (durch schlüssige Handlung bekundete Annahme des Vertragsangebots) zustande gekommen; mit diesem Augenblick beginnt die vertragliche Sorgfaltspflicht des Unternehmers.

Wegen beförderter Sachen ist zu beachten: Dem gewerblichen Transportunternehmer liegt auch außerhalb eines Vertragsverhältnisses eine Obhutspflicht hinsichtlich des ihm zur Beförderung anvertrauten fremden Eigentums ob. Für schuldhafte Verletzung dieser Pflicht haftet er also auch außervertraglich dem geschädigten Eigentümer. Hat A seine Ware dem Spediteur Z auf Grund eines von X und Z geschlossenen Beförderungsvertrages übergeben, so haftet Z dem A für schuldhafte Beschädigung infolge Verletzung der Obhutspflicht, und zwar selbst dann, wenn etwa Z sich dem X gegenüber freigezeichnet hatte; RG 63, 310; 102, 44; 105, 303; 12. 5. 28, HRR 1802.

Auslegungsfrage im Einzelfall ist, ob vertragliche Haftungsbeschränkung auch für Ansprüche aus unerlaubter Handlung maßgebend ist.

Wer in seinem Fz einen andern aus Gefälligkeit mitnimmt, ist nicht dessen Verrichtungsgehilfe (§ 831 BGB); BGH 3. 7. 52, III ZR 120. 51.

8. Das Rechtsverhältnis zwischen Betriebstätigen (Fahrzeugführer, Begleiter, Omnibusschaffner und dergleichen) und Halter wird regelmäßig Dienstvertrag sein.

9. Regelung im Postreisedienst aGrd PostO (VAE 39, 192; DJ 40, 973 u 1163; DRW 41, 357; NJW 54, 1472) ist Sonderregelung ggüb der allg des § 8 a I u II. Sie gilt nur im Postverkehr; unbeteiligten Dritten gegenüber, etwa dem Radfahrer, der von einem Postomnibus umgefahren wird, gilt nichts Besonderes.

Die Regelung der Posthaftflicht beruht auf § 4 VereinfG 27. 2. 34, RGBl I 130.

10. Die Insassen können gegen Halter einen Ersatzanspruch auch aus Verletzung eines ihren Schutz bezweckenden Gesetzes herleiten; zB wenn der Halter eine Person ohne Fahrerlaubnis zum Führer bestellt hat; B III b 2 zu § 16, B III zu § 24.

11. Dem Anspruch des verletzten Insassen kann der Halter grundsätzlich nicht entgegenhalten, der Insasse habe unterlassen, auf den Führer aufzupassen und ihn zB zur Minderung der Geschwindigkeit zu veranlassen; Regel ist, daß der Fahrgast sich um die Führung des Fahrzeugs nicht zu kümmern braucht; RG 26. 5. 30, DAR 199; 29. 6. 36, VAE 492; 14. 10. 41, VAE 42, 55; Celle 15. 10. 51, 5 U 73, 51. Anders, wenn besondere Umstände eine Aufsichtspflicht des Fahrgastes über die Beförderungstätigkeit ergeben. BGH 14. 2. 53, NJW 779; s a A II b 2 zu § 7 Abs 2.

II. Geltung des § 7 StVG

Abs 1 enthält die Behandlung der Personen- und Sachschäden im Beförderungsverhältnis (iGgsz Schaden Unbeteiligter), uzw 1. im oben A I dargestellten gewöhnlichen BefördgsVerh — Behandlung außerhalb der Gefährdungshaftung, dh nicht nach Teil II des StVG —, 2. im entgeltlichen geschäftsmäßigen BefördgsVerh. Bedeutung der Geltung des § 7 im zweiten Fall:

a) Anwendbarkeit des ganzen § 7, also mit den dort gegebenen Entlastungsmöglichkeiten: unabwendb Ereignis und Schwarzfahrt. Stellt der Frankfurter LkwFuhrunternehmer U seinem Hamburger Filialleiter F für den dortigen LkwBetrieb einen Pkw, und befördert F damit ohne Wissen des U Personen entgeltlich, geschäftsmäßig, so kann dieser Betrieb so geartet sein, daß F dadurch zum Halter des Pkw wird und damit ersatzpflichtig nach § 8 a. Ist das nicht der Fall, so gilt: es „haftet der Halter dieses Fzs nach § 7", dh auch nach dessen Abs 3, also für Schäden bei Benutzung durch denjenigen (F), dem U das Fz überlassen hatte. Denn auch ein Angestellter kann ohne Kenntnis des Halters auf eigene Rechnung „geschäftsmäßig" handeln.

b) Zur Frage, ob über den § 7 hinaus noch weitere Vorschriften des Teils II (Haftpfl) des StVG gelten, ist auszugehen von der Rechtssystematik der §§ 7 ff:

[1]) Haftungsgrundsatz der Gefährdungshaftung, § 7 I

[2]) keine Gefährdungshaftung:
Unabwendbares Ereignis, § 7 II
Schwarzfahrt, § 7 III
Langsame Fze und Betriebstätige, § 8
Insassen allgemein, dh außerhalb entgeltlicher, geschäftsmäßiger Beförderung, § 8 a

[3]) Wiederherstellung der Gefährdungshaftung
bei Schwarzfahrt des Angestellten und bei schuldhaft ermöglichter Schwarzfahrt anderer, § 7 III
gegenüber entgeltlich, geschäftsmäßig Beförderten, § 8 a

[4]) Ausführungsvorschriften zum Gefährdungshaftungsgrundsatz des § 7 I über Anspruchsumfang und -verlust, §§ 9 ff.

Daraus folgt:

a[1]) Anwendung des Grundsatzes des § 7 bedeutet zwangsläufige Anwendung auch der Vorschriften über die Ausgestaltung des Grundsatzes, oben [4]).

b[1]) Rechtssystematisch anders zu werten ist § 8, betr die langsamen Fze; er ist nicht Ausführungsbestimmung zum Grundsatz, knüpft nicht an ihn an, sondern verneint gerade die GefHaftg. Wenn § 8 die Haftung nach § 7 anordnet, so kann, mangels entsprechender Anordnung, daraus nicht die Anwendung des § 8 folgen, der ja umgekehrt gerade die Haftung nicht gewährt. Anderes ist auch nicht den Abs 2 u 3 des § 7 zu entnehmen: zwischen ihnen und § 8 besteht ein grundsätzlicher systematischer Unterschied; sie ermöglichen Wiederbeseitigung des entstandenen Anspruchs, § 8 hindert Entstehung eines Anspruchs. § 8 a stellt nur die Haftung aus § 7 — durch Rückausnahme von der für Insassen iallg geltenden Ausnahme — auf. „Haftung nach § 7" bedeutet nicht: Nichthaftung nach § 8. Wer aGrd § 8 a „nach § 7 haften" soll, kann nicht die Nichthaftung nach § 8 beanspruchen; die positive Anordnung einer Haftung nach § 7 kann nicht die Anwendung der negativen Anordnung einer Nichthaftung rechtfertigen; aus der in § 8 a angeordneten Haftung nach § 7 folgt also nicht die Verneinung der GefHaftung bei Beförderung durch langsame Fze; wäre das beabsichtigt gewesen, hätte es gesagt werden müssen. Nun bedeutet aber § 8 einen Zusatz zu § 7 dergestalt, daß dessen Haftungsgrundsatz nur für Kfze höherer Geschwindigkeit gelten soll, daß somit § 7 so anzuwenden sei: „Wird beim Betrieb eines Kfzs, das auf ebener Bahn mit höherer Geschwindigkeit als 20 km gefahren werden kann, ein Mensch getötet ...." So gesehen, erstreckt sich die Haftung aus § 8 a nicht auf Fze bis 20 km. Bei entgeltlicher, geschäftsmäßiger Beförderung auf langsamen Fzn wird dann doch nicht nach § 7 gehaftet. — Neben der in § 8 a gegebenen Gefährdungshaftung nach § 7 stehen Vertragshaftung, oben A I b, und Verschuldenshaftung, A zu § 16.

§ 8 a bestimmt die bei entgeltl, geschäftsm Beförderung ausnahmsweise eingreifende Gefährdungshaftung ausdrücklich nur für den Halter, uzw „dieses Fzs", dh des Fzs, bei dessen Betrieb (B I zu § 7 I) der — im Fz beförderte Personen oder Sachen schädigende — Unfall eingetreten ist. Für den Führer gilt keine Besonderheit. Anspruchsgegner ist, wer zZ des Unfalls Halter des Fzs gewesen war, in dem der Verletzte entgeltlich, geschäftsmäßig befördert wurde. Schwarzfahrt: A II. Nur des Halters Verhältnis zum Verletzten regelt der § 8 a; für die Ansprüche des Verletzten gegen Halter der sonst etwa am gleichen Unfall beteiligten Fze gilt nichts Besonderes.

„Durch ein Kfz befördert" ist auch, was auf dem Anhänger mitgeführt wird, und der vom Anh verursachte Unfall ist ein solcher beim Betrieb des Kfzs; B I a 2 zu § 7 I. Es macht keinen Unterschied, ob der Insasse (die Sache) auf dem (etwa an einen Baum geschleuderten) Anh fuhr oder das Schleudern des Anh Verletzung eines Insassen des ziehenden Kfzs verursacht hat. Eine besondere Haftung des Halters des Anh schließt der Wortlaut des Satzes 1 eindeutig aus. — Darüber, daß Unfall durch einen nicht mit einem Kfz verbundenen Anh — von Hand, von Pferden bewegt — nicht nach StVG beurteilt wird: A II a 2 zu § 8. — Wird eine „Sache" des Insassen eines Kfzs nicht auf diesem, sondern einem Begleitkfz untergebracht, so würde wörtliche Anwendung des Satzes 2 dem Beförderten gegen keinen Halter einen Anspruch aus der GefHaftung geben; hier muß die Sache als vom Reisenden des ersten Fzs in diesem Fz mitgeführt gelten, dessen

Halter also haften. Der in Satz 2 offenbar zugrundegelegte Zusammenhang der Sache mit dem Beförderten wird durch die getrennte Unterbringung nicht zerrissen. — Nach dem Wortlaut könnte man den Lenker eines betriebsunfähigen geschleppten Kfzs als vom schleppenden Kfz „befördert" ansehen und das geschleppte Kfz als von seinem Lenker „mitgeführte Sache". Aber Anwendung des § 8 a wird durch das Erfordernis der Personenbeförderung ausgeschlossen für den Fall, daß diese nur eine Nebenerscheinung der den Hauptinhalt des VerkVorgangs bildenden Schlepptätigkeit ist. Auch natürliche Betrachtungsweise würde das Schleppen eines Kfzs nicht als Personenbeförderung werten: Celle 9. 11. 53, 5 U 94. 53 (geschlepptes Fz: beförderte Sache) ist durch die Gesetzesänderung („Personenbeförderung") überholt.

Eigentum der beförderten Person an der beschädigten Sache ist nicht Voraussetzung der GefHaftung; sie gilt schlechthin gegenüber dem an der Sache Berechtigten.

III. Inhalt der Regelung

Voraussetzung der Haftung des Halters nach § 7 ist, daß es sich ihm gegenüber um entgeltliche, geschäftsmäßige Beförderung gehandelt hat, daß er also mit der Fahrt einverstanden war; bei Mitnahme von Personen auf Lastzügen spricht der erste Anschein gegen Einwilligung des Halters; Bbg 21. 7. 48, NJW 49. 506. Bei Benutzung des Fzs im entgeltl, geschäftsmäßigen Verk ohne Wissen und Willen des Halters keine Haftung aus § 7; OGH 4. 11. 49, NJW 50, 143. Daß der Führer zum Abschließen von Beförderungsverträgen im Namen des Halters ermächtigt sei, kann bei Mitnahme auf Lastzügen nicht angenommen werden; Bbg aaO; auch keine Halterhaftung aus § 831 BGB, da Führer nicht zur Personenbeförderung bestellt ist.

a) Zur Zeit des Unfalls

Die frühere (bis 16. 7. 57) Fassung des (damaligen) § 8 II betraf ausdrücklich die „zur Zeit des Unfalls" beförderten Verletzten; § 8 a hat diese vier Worte fortgelassen, aber keine sachliche Änderung bezweckt. Im Augenblick des die Haftung auslösenden Unfalls muß es sich um entgeltl, geschäftsm PersBefördg gehandelt haben; es genügt nicht, daß das Kfz sonst in solcher VerkArt eingesetzt wird, wenn eines ihrer Merkmale gerade auf der Unglücksfahrt fehlte; vgl OGH 21. 10. 49, VkBl 50, 117. — Die Bezugnahme auf § 7 zeigt, daß grundsätzlich alle „bei dem Betrieb" (B I b zu § 7 I) des Fzs verletzten Personen den Vorteil der Gefährdungshaftung haben. „Beförderte Person" ist man nicht nur im Fz, sondern auch, wer das Fz bei Fahrtunterbrechung kurz verlassen hat; Abs 1 trifft zu, wenn der Ausgestiegene nun neben dem Fz durch Vergaserbrand Schaden erleidet.

Unfall: B II zu § 7 I.

b) Der Beförderte

Bis zur Neufassung (16. 7. 57) machte der (damalige) Abs 2 des § 8 bzgl Personen- und Sachschäden keinen Unterschied im Haftungs**grund**; die Tatsache der (damals: entgeltlichen öff) Beförderung genügte zur Auslösung der Gefährdungshaftung. Das hat die Neufassung beibehalten nur für den Personenschaden; siehe c).

c) Die beförderte Sache

Die nach Ansicht des Gesetzgebers mit der Beförderung durch Kfz verbundenen besonderen Gefahren, deren „freiwillige Übernahme" durch den das Fahrzeug Benutzenden ein Anlaß für die frühere Ausnahme der Beförderung von der Gefährdungshaftung (Vorbem) war, werden grundsätzlich auch dem Absender des beförderten Guts auferlegt. Von dieser grundsätzlichen Verneinung der GefHaftg für Schaden an beförderten Sachen galt seit der Änderung 1939 eine Ausnahme für den Fall entgeltlicher öff Beförderung; vgl A I a. Während die Änderung 16. 7. 57 der Haftung für Personenschäden nur eine klarstellende schärfere Fassung (Vorbem d und unten A III e) brachte, änderte sie sachlich die Rechtsstellung der beförderten Sachen. Vordem war jede entgeltliche, öff Beförderung einer Sache durch die GefHaftg gedeckt; deren Geltungsbereich ist jetzt eingeschränkt. Zwar würde das zur Begründung der GefHaftg aufgestellte Erfordernis der Beförderung der Sache im Rahmen von PersBefördg allein nicht ausschließen, daß ein PersBefördgs-Unternehmer auch Sachen entgeltlich, geschäftsmäßig mitbefördert; für solche Befördg würde die GefHaftg nicht gelten; das ist erst der Fall, wenn die Sache in körperlicher Beziehung zum beförderten Insassen steht, er sie „trägt oder mit sich führt". Entgeltliche, geschäftsmäßige Beförderung nur der Sache ohne die dazu gehörige, dh gleichzeitig beförderte Person würde nicht nach §§ 7 ff zu behandeln sein. — Für den auf entgeltlicher, geschäftsmäßiger Personenbeförderung mitgenommenen und durch KfzUnfall getöteten Begleithund hat der Halter nach § 7 Ersatz zu leisten.

Obhutspflicht des gewerblichen Transportunternehmers hinsichtlich der ihm zur Beförderung übergebenen Sachen: A I b 7.

Der etwaige Ausschluß der Haftung aus § 7 bezieht sich aber nur auf die Beschädigung der beförderten Sache selbst; treten durch den Unfall, wenngleich auch durch die beschädigte Sache selbst, weitere Sachschäden ein, zB die durch den Unfall vom Fahrzeug hinuntergeschleuderte und beschädigte Kiste schlägt einen Hund tot, so bezieht sich auf diesen Schaden an anderen als den beförderten Sachen der Ausschluß der Haftung nicht; vielmehr haftet für diese weiteren Schäden der FzHalter nach § 7.

d) Durch ein Kraftfahrzeug befördert

Beförderung ist die als Selbstzweck gedachte Verbringung an einen andern Ort. Für den auf dem Kfz Bediensteten ist die Ortsveränderung nicht Selbstzweck, sondern Begleiterscheinung. Für den Omnibusschaffner (A II b zu § 8) gilt also nicht der Haftpflichtanspruch (aus § 7) etwa aus dem Gesichtspunkt heraus, er sei im öffentlichen Verkehr befördert worden; auch könnte man seine Tätigkeit nicht als „Entgelt" für die Beförderungsleistung ansehen.

Durch ein Kfz befördert ist nicht nur eine Person oder Sache, die sich (zwecks Ortsveränderung) auf dem Kfz selbst befindet; Beförderung liegt auch vor, wenn das Kfz nur die bewegende Kraft zur Verfügung stellt; zB wenn eine Zugmaschine vor ein anderes Gefährt gespannt wird, für das sie lediglich die Zugkraft, wie ein Pferdegespann abgibt. Dabei macht es dann keinen Unterschied, ob zB die beförderte Person sich auf einem gezogenen Fahrzeug befindet oder mittels anderer mechanischer Vorrichtungen die Ausnutzung der Zugwirkung geschieht; auch wer sich auf Skiern an einen Kraftschlitten (A I b 1 a^1 zu § 1) anhängt und so fortziehen läßt, wird durch das Kfz befördert. Zustimmend Ddf 17. 3. 30, RdK 1931, 341; KG 4. 11. 31, JW 1932, 808.

Von „Beförderung" kann man erst sprechen, wenn die vorbereitenden Handlungen, die die Person oder Sache in die Rolle des zu Befördernden setzen sollen, erledigt sind. Aber man kann nicht schon jede körperliche Verbindung der Person oder Sache mit dem in Betrieb befindlichen Fahrzeug ausreichen lassen, um den Ausschluß des Haftpflichtanspruchs beginnen zu lassen; steht der Fahrgast mit einem Fuß auf dem Trittbrett des Kfzs, mit dem andern auf dem Erdboden und wird er nun während des Betriebs des Kfzs, zB bei laufendem Motor, verletzt, so entfällt ein Haftpflichtanspruch damit nicht; eine andere Auslegung führt zur Überspannung des Begriffs „befördern"; nach ihr müßte man eine Beförderung zB auch da annehmen, wo jemand, bei Erörterung des Fahrweges mit dem Führer, den Fuß auf das Trittbrett stellt und dabei, zB durch plötzliches Anfahren des Wagens, einen Unfall erleidet, nachdem er bereits inzwischen wieder ausdrücklich von der Fahrt Abstand genommen hatte; ja sogar, wo jemand, um sich den Schuhsenkel zu binden, den Fuß aufs Trittbrett gesetzt hat und nun verletzt wird, weil der Wagenführer der irrigen Meinung war, er solle fahren und der vermeintliche Fahrgast habe bereits im Wagen Platz genommen. Zwar würde in solchen Fällen mitwirkendes Verschulden im Sinne des § 9 vorliegen und der Durchsetzung mindestens des vollen Ersatzanspruchs entgegenstehen; aber grundsätzlich kann von Ausschluß der Haftung nach § 8 nicht gesprochen werden. Als Beginn des Haftungsausschlusses wird man den Zeitpunkt anzunehmen haben, in dem der Verletzte nach eigenem oder fremdem Willen in solche körperliche Verbindung mit dem Fz gebracht worden ist, die diesem Beförderungswillen entspricht; zust Old 19. 6. 53, RdK 54, 74. Unerheblich, welche Art Stellung der Verletzte einnahm; man kann sich auch auf einem Trittbrett stehend, auf der Gepäckbrücke sitzend oder auf dem Verdeck liegend befördern lassen. Wenn aber die körperliche Verbindung eine solche ist, die eine Beförderung gar nicht ermöglicht, so kann man nicht von Beförderung sprechen. Andernfalls müßte man ja auch den als befördert ansehen, der in der fehlgeschlagenen Absicht, auf das fahrende Fahrzeug aufzuspringen, irgendeinen Teil des Fahrzeugs auch nur einen Augenblick zu fassen bekommt, dann aber zur Seite geschleudert wird; „durch das Fahrzeug befördert" wäre ein so Verletzter nicht. Einen Haftpflichtanspruch würde man ihm allerdings wohl aus § 9 versagen müssen. Nicht „befördert" ist auch das Kind, das an den Kfzn spielt, die auf dem Fuhrhof aufgestellt sind, dabei sich auf das Wagentrittbrett stellt und durch den Ruck des unerwartet anfahrenden Wagens hinabgeschleudert wird. Ebensowenig ist eine zur Verladung an das Fz angelehnte Sache, die bei vorzeitigem Anfahren beschädigt wird, „befördert".

Denkbar ist, daß jemand im Fahrzeug Platz genommen hat, daß die Maschine in Betrieb ist und trotzdem der Fall einer die Haftpflicht ausschließenden Beförderung nicht vorliegt; zB in das in der Instandsetzungswerkstatt befindliche Fahrzeug, dessen Motor zwecks Ausprobens angelassen ist, setzt sich eine (nicht betriebstätige, sondern ganz unbeteiligte) Person, etwa aus Neugier, auszuproben, wie es sich wohl in diesem Fahrzeug sitze; verletzt nun etwa ein Vergaserbrand den „Insassen", so kann von Beförderung nicht gesprochen werden, sofern man überhaupt den die Voraussetzung für die Anwendung der Haftpflichtbestimmungen bildenden Begriff des „Betriebs" des Fahrzeugs (B I a zu § 7 Abs 1) hier als gegeben ansehen will. Daß jemand umgekehrt, ohne sich im Fahrzeug zu befinden, doch davon befördert werden kann, ist schon oben erörtert worden.

Der Beförderte muß Insasse des Fzs gewesen sein, bei dessen Betrieb der Unfall stattfand; gegen den Halter eines anderen beteiligten Kfzs hat der Insasse des ersten den Anspruch nach § 7 ohne die Einschränkung des § 8 a.

Beendet ist die Beförderung, wenn die körperliche Verbindung mit dem Fahrzeug aufgehoben ist. Springt etwa der Fahrgast kurz vor einem von ihm vorausgesehenen Zusammenstoß aus dem Wagen und wird er dabei verletzt, so war er zur Zeit des Unfalls durch das Fz befördert (zust OGH 22. 9. 50, DAR 51, 24). Wohl aber ist dann zu prüfen, ob sich das Verhalten des Verletzten als Verschulden darstellt. Diese Frage wird regelmäßig zu verneinen sein, und zwar selbst dann, wenn etwa in Bestürzung der Verletzte den Absprung in unsachgemäßer Weise durchgeführt hat oder auch das ganze Verhalten, nämlich das Herausspringen als solches, unzweckmäßig war. Vergleiche OGerH Wien 27. 1. 32, VR 1933, 40. — Darüber, ob Abspringen angesichts der Gefahr Verschulden des dabei Verletzten darstellt, siehe A II zu § 9. — Strafrechtliche Verantwortlichkeit des fehlerhaft Fahrenden für den Tod des vorsorglich abgesprungenen Insassen: RG 27. 1. 39, VAE S 129.

Mitverschulden des Insassen eines Kfzs, der beim Zusammenstoß mit einem zweiten verletzt worden ist, als Einwand des Halters des zweiten Fzs: A II zu § 9.

Ersatzansprüche der in Kfzn der Bundespost Beförderten: A I b 9.

e) Entgeltliche, geschäftsmäßige Beförderung

Von Anfang an hatte das KFG (1909) im Ausnahmewege den grundsätzlich (B II a zu § 7 I) jedem Verletzten („ein Mensch" schlechthin, § 7 I) gewährten Anspruch aus der Gefährdungshaftung dem Insassen des Unfallfzs versagt; diese Ausnahme hatte aber seit der Änderung 7. 11. 1939 wieder eine Rückausnahme, also eine Wiederherstellung der Regel der Gefährdungshaftung, für die Fälle entgeltlicher öffentlicher — seit der Änderung 16. 7. 57: entgeltlicher, geschäftsmäßiger Beförderung.

Vor der Änderung 1939 hatte den Anspruch aus der strengen Gefährdungshaftung nur der (am Betrieb des Kfzs) unbeteiligte Dritte gehabt.

1. Begriff der Beförderung: oben A III d.

2. Entgeltlich ist die Beförderung für eine Gegenleistung. Diese wird, da es sich ja um geschäftsmäßigen Verkehr (unten, 3) handelt, regelmäßig in Geld bestehen, nämlich in dem durch die Vereinbarungen, ggf Tarif festgesetzten Fahrgeld. Trinkgeldartige Leistung (Zigaretten, Lebensmittel, ja auch Geld) kann nach den Umständen Entgelt sein: OGH 22. 9. 50, DAR 51, 24. Mitnahme aus reiner Gefälligkeit (oben A I b 6) löst eine Gefährdungshaftung selbst dann nicht aus, wenn sie im geschäftsmäßigen Verkehr erfolgt. Auch der sogen. „blinde" Passagier wird nicht „entgeltlich" befördert. Bei Bezahlung von Gepäckbeförderung kann auch die gleichzeitige Beförderung der Person als entgeltlich angesehen werden; OGH 4. 11. 49, NJW 50, 143.

Es entscheidet schlechthin die Tatsache der entgeltlichen Beförderung. Unerheblich ist die Vertragsgestaltung, insb ob der Verletzte Vertragsteil war; mietet ein Verein oder eine Schule einen Omnibus zu einem Ausflug, so kann ein verletzter Insasse aus § 8 a klagen. — Mitwirkendes Verschulden des Ausflugsführers braucht sich der Verletzte nicht anrechnen zu lassen.

Bei entgeltlicher Beförderung tritt die Gefährdungshaftung dessen (Halters oder Führers) ein, dem gegenüber die Beförderung (geschäftsmäßig u) entgeltlich ist. Nimmt der Führer einen Fahrgast mit, ohne sich das tarifmäßige Entgelt zahlen zu lassen, aber gegen Zahlung eines Trinkgeldes oder eine ähnliche nicht tarifmäßige Leistung, so kann die Beförderung entgeltlich nicht gegenüber dem Halter, wohl aber gegenüber dem Führer sein; s a OGH 22. 9. 50, RdK 51, 24; aber auch wenn der Führer geschäftsmäßig handelte, so träte die Rechtsfolge des § 8 a nicht ein, weil die Sonderregelung des § 8 a nur den Halter trifft. Ausschluß der Halterhaftung bei Benutzung des Fzs im entg, geschm Verkehr ohne sein Wissen: § 7 III. S aber A II.

3. Geschäftsmäßig. Bis zur Änderung 16. 7. 57: „öffentliche Beförderung"; dieser Begriff fand sich namentlich im PBG (Anhang 4 des Buches); die dortige Regelung des öff PersBefördgVerk hatte auch für den (damaligen) § 8 Bedeutung, war aber wegen tiefgreifender Zweifel (20. Aufl S 299 ff) ungeeignet. Die amtliche Begr

„Der Schutz der Verkehrsopfer und die Billigkeit verlangen, daß die Gefährdungshaftung auf alle Arten des genehmigungspflichtigen Personenverkehrs (Linien-, Droschken-, Ausflugs- und Mietwagenverkehr) erstreckt wird"

zu der lt Entwurf geplant gewesenen Fassung, dh Pers- und Sachschadenhaftung nach § 7 nur:

„wenn es sich um entgeltliche Beförderung durch ein Fahrzeug handelt, mit dem ein nach den Vorschriften über die Beförderung von Personen zu Lande genehmigungspflichtiger Verkehr durchgeführt wird" zeigt für die Auslegung der endgültigen Fassung das Ziel einer Ausdehnung der Anwendung der Gefährdungshaftung über den früheren „öff" Verkehr hinaus.

Hiernach und nach Sprachgebrauch handelt geschäftsmäßig, wer seine Tätigkeit als eine — nicht erforderlich: die einzige — Erwerbsquelle ausübt. Es entscheidet der rein tatsächliche Vorgang entgeltlicher, geschäftsmäßiger Beförderung und kommt auf folgende Umstände nicht (mehr) an:

Rechtsstellung des Halters etwa als Unternehmers gewerbsmäßiger PersBeförderung,

Beförderungspflicht des Halters,

Befriedigung eines (öff) VerkBedürfnisses,

Umfang und Art des Betriebs und des Verkehrs, insb Art der Fze (Omnibus, Pkw, Droschke), LinienV, Fahrplan, Beförderung als Haupt- oder Nebenbetätigung, Personenkreis (Betriebsangehörige gesammelt zum und vom Arbeitsplatz gegen Entgelt an den Betriebsinhaber),

Charakter der einzelnen Fahrt, Berufs-, Ausflugsfahrt, Einzelfahrgast oder geschlossener Personenkreis,

Öffentlichkeit iSd Zugänglichkeit für jedermann. Das frühere (Vorbem c) Merkmal einer Beförderung im öff Verkehr ist bedeutungslos geworden. Das Erfordernis „geschäftsmäßig" sieht den Verkehrsvorgang nur von der Seite des Befördernden. Der durch Überlassung des Kfzs seines bisherigen Chefs selbständig gewordene bisherige Angestellte, der jenen gegen Entgelt auf den Geschäftsreisen fährt (2 zu § 1 PBG, Anhang 4 des Buches), handelt geschäftsmäßig. Auch in diesem Begriff liegt das dem hier vermiedenen Begriff „gewerbsmäßig" innewohnende Merkmal der Bereitschaft zur Wiederholung insofern, als eine nur einmalige Beförderung zwar in der Absicht der Gewinnerzielung stattfinden, aber nicht als geschäftsmäßig angesehen werden kann.

Wer seinen Lebensunterhalt durch Vermittlung des Kaufs von Grundstücken erwirbt, ist Grundstücksmakler, handelt gewerbsmäßig. Wer, von Beruf Barbier, die an ihn herantretende Gelegenheit (Parzellierung, Erbfall uä) zum Grundstücksverkauf gegen Entgelt wahrnimmt, handelt nicht gewerbs-, aber geschäftsmäßig; der „Geschäfts"mann will „Geschäfte" machen! Verneinung der Entgeltlichkeit bedeutet auch Verneinung der Geschäftsmäßigkeit, wohl aber nicht umgekehrt; als Entgelt könnte man wohl auch den angemessenen Unkostenbeitrag des auf ohnehin unternommener Fahrt mitgenommenen Freundes auffassen; der Mitnehmende handelt aber nicht geschäftsmäßig. Solchen Fall wollte man vielleicht durch Hinzufügung des Geschäftsmäßigen zum Entgeltlichen treffen; wobei nur noch zweifelhaft bliebe, warum beide Begriffe durch einen Beistrich getrennt wurden, statt sie durch ein (kumulatives!) „und" zu verbinden.

Die Mitfahrerzentrale (MFZ, 2 zu § 1 PBG) ist eine Einrichtung zur Zusammenführung von Personen gleichen Reiseziels; ihre rein vermittelnde Tätigkeit ist im Augenblick der Abfahrt beendet. Verwaltungsstellen haben die MFZ als Unternehmen genehmigungspflichtiger Pers-Beförderung angesehen — zu dieser Frage hat BVerwG 24. 2. 56, VRS 10, 477 nicht Stellung genommen —; bei der noch im RegEntw geplanten Bindung der Regelung der GefHaftung an „alle Arten des genpflichtigen PersVerkehrs" (A III e 3) hätte jene verwaltungsmäßige Behandlung der MFZ Bedeutung für die GefHaftung bei „entgeltlicher Beförderung" (Entwurf!) haben können. Nun ist aber der Entw in soweit nicht Gesetz geworden. Die MFZ treibt nicht PersBefördg iSd § 8 a und ist nicht Halter der Fze, für deren Fahrten sie Fahrgäste zusammenführt. — Auch der Halter des von mehreren auf gemeinsamer Fahrt in jener Weise benutzten Kfzs befördert nicht „entgeltlich, geschäftsmäßig". Mitnahme anderer ans gemeinsame Ziel gegen Beteiligung an den Kraftstoffkosten ist nicht (BVerwG aaO) genehmigungspflichtiger Verkehr iSd PBG, aber auch nicht Erwerbsquelle. Hier ist zu beachten, was LVG Köln 21. 12. 54, RdK 55, 32 vor der Entsch des BVerwG gesagt hatte: „Daß das unsinnig ist" (nämlich die Unterstellung des auf seiner Fahrt einen zahlenden Fahrtgenossen mitnehmenden FzEigentümers unter die GenPflicht des Gelegenheitsverkehrs, §§ 2 u 28 PBG), „liegt auf der Hand. Im übrigen hat es sich in Deutschland eingebürgert, zum Wochenende mit Bekannten, die Eigentümer eines Kraftwagens sind, unter Übernahme eines Benzinkostenanteils Fahrten in die Umgebung zu unternehmen. Viele Tausende machen dies jedes Wochenende, ohne daß jemand auf den Gedanken gekommen wäre, diese schöne Sitte als erlaubnispflichtigen Gelegenheitsverkehr anzusehen und diejenigen, die das ohne Gelegenheitsverkehrserlaubnis tun, nach § 40 PBG mit Gefängnis und Einziehung des Kraftwagens zu bestrafen."

Krankenwagen des Roten Kreuzes befördern entgeltlich und geschäftsmäßig. BGH 5. 4. 57, VRS 13, 18, das sie als nicht dem öff Verk dienend iSd damaligen § 8 II behandelt, ist überholt.

f) Unabdingbarkeit und Haftpflichtversicherung

Unabdingbarkeit der Gefährdungshaftung. Vgl die Begr, Vorbem c am Ende; ferner § 25 PBG, Anhang 4 dieses Buches; § 26 GüKG (Anhang 5) betrifft nicht die Gefährdungshaftung, sondern die Haftung aus der Güterbeförderung gegenüber den Beförderungsbeteiligten. — S ferner § 5 RHaftpflG. — Abs 2 trifft nur die Haftung für

Personenschäden; für Sachschäden kann also die Haftung aus § 7 ausgeschlossen oder beschränkt werden.

Abs 1 berührt nicht Haftung aus anderem Rechtsgrund.

Ist der Halter gegen Haftpflicht versichert, — und das ist seit Gesetz 7. 11. 39 (Anhang zu § 7 hinter § 7 Abs 3) die Regel — und deckt etwa die Versicherung laut Vertrag nur die besondere Haftpflicht nach StVG, so fallen die Ansprüche der Betriebstätigen überhaupt nicht und die der Insassen nur dann unter das versicherte Risiko, wenn es sich um entgeltliche Beförderung handelte. Deckt die Versicherung auch die weitergehende (§ 16) Verantwortlichkeit des Halters nach BGB, so fallen mangels gegenteiliger Abrede die Ansprüche der Betriebstätigen und die der Insassen schlechthin unter das versicherte Wagnis. Zu beachten ist aber dabei, daß eine Haftung des Halters (Unternehmers) dem Betriebstätigen gegenüber aus Verschulden regelmäßig (§ 898 RVO) überhaupt nicht in Frage kommt; siehe A II b.

B. Beweislast

Anspruchbegründende Tatsachen für den Haftpflichtanspruch des StVG sind: Unfall, Schaden, Haltereigenschaft des Beklagten. Darin ändert, wie seine Fassung ergibt, auch § 8a nichts. Er gibt dem Beklagten ein Einrede, deren Voraussetzung er zu beweisen hat; RG 2. 1. 28, RdK 223; RG 128, 149; also hat er zu beweisen, daß der Verletzte Beförderter oder Betriebsbeschäftigter (RG 22. 3. 34, VI 469. 33) war. Ist dieser Beweis geführt, so hat nunmehr der Geschädigte die Beweislast nach allg Recht, muß also bei Klagen aus § 823 BGB oder aus Vertrag das Verschulden des Bekl beweisen. — Daß die Beförderung entgeltlich gewesen sei, hätte der Kläger zu beweisen gegenüber der Einrede des Bekl, der Verletzte sei durch das Fz befördert worden.

Die Rechtslage des unfallgeschädigten Insassen ist hiernach:

α) grundsätzlich Anspruch nicht aus der Gefährdungshaftung des § 7, sondern nur aus
Vertrag und
Verschulden;

β) bei entgeltlicher geschäftsmäßiger Beförderung Anspruch aus
Vertrag und } BGB
Verschulden } ferner
Gefährdung StVG.

Der Beweis des ersten Anscheins (RG 18. 5. 38, VAE 343, s a B III c zu § 16) beschränkt sich auf typische Geschehensabläufe, dh auf Fälle, in denen ein gewisser Tatbestand feststeht, der nach den Erfahrungen des Lebens auf eine bestimmte Ursache, insbesondere darauf hinweist, daß er nur durch eine Versäumung der Sorgfaltspflicht herbeigeführt sein kann (RG 130, 359). Der Geschädigte genügt seiner Beweislast, wenn er einen ordnungswidrigen Zustand dartut, der erfahrungsgemäß die Folgerung rechtfertigt, daß nur eine Versäumung der Verkehrssorgfalt ihn herbeigeführt haben kann. Alsdann ist es Sache des Beklagten, darzutun, daß der Schaden entgegen der üblichen Entwicklung der Dinge nicht auf einen von ihm zu vertretenden Umstand zurückzuführen sei, und daß er seiner Pflicht genügt habe; RG 30. 4. 38. VAE 286. Die Rspr hatte zunächst geschwankt; Bezold, JW 32, 3705. Vielfach wird die Tatsache der Verletzung den Schluß auf eine Sorgfaltsvernachlässigung des Unternehmers rechtfertigen. Erleidet der Beförderte im Zusammenhang mit der Beförderung einen Unfallschaden, und ist das Bestehen eines ordnungswidrigen Zustandes festgestellt, zB Achsbruch, so hat der für Herstellung und Unterhaltung eines ordnungsmäßigen Zustandes vertragsmäßig verpflichtete Fahrzeughalter zu beweisen, daß er seiner vertragsmäßigen Pflicht zur Sorgfalt nachgekommen sei; gegenüber dem ersten Anschein eines Verschuldens hat der Unternehmer, der den Betriebsvorgängen nachzugehen vermag, die prima facie-Vermutung zu entkräften; RG 124, 49; 126, 329. Allerdings beweist die Tatsache eines Achsbruchs noch nicht, daß Mangel an Sorgfalt vorgelegen haben müsse, und schließt somit auch den Beweis nicht aus, daß der für ordnungsmäßigen Zustand Verantwortliche es an der erforderlichen Sorgfalt nicht habe fehlen lassen. JW 1905, 185. — Neuere Entscheidungen, RG 9. 6. 32, JW 3704; 27. 10. 32, DAR 1933, 69, aber haben dem Beförderungsunternehmen, über lediglich die Entkräftigung des Beweises des ersten Anscheins hinaus, die volle Beweispflicht, also die Pflicht zur ursprünglichen Beweisführung aufgebürdet, somit auf Grund des ersten Anscheins die Beweislast umgekehrt, und zwar nicht nur für den Beförderungsvertrag, sondern auch für die Klagen aus unerlaubter Handlg (JW 32, 3704); s a B III c zu § 16. BGH 8, 239 (18. 12. 52, DAR 53, 55): Auch bei Entkräftg des Beweises des ersten Anscheins hafte der Beförderungsunternehmer dem Fahrgast aus dem Befördgsvertrag, falls er nicht beweist, daß er den Unfall nicht zu vertreten habe.

Nr 5. § 67 b StVZO ist auf Seite 694 einzufügen.

§ 67 b. Kennzeichen für Fahrräder mit Hilfsmotor

(1) Fahrräder mit Hilfsmotor, deren regelmäßiger Standort[1]) sich im Geltungsbereich dieser Verordnung befindet, dürfen auf öffentlichen Straßen[2]) nur in Betrieb gesetzt[3]) werden, wenn sie ein gültiges Versicherungskennzeichen Absätze 2 bis 7) oder ein amtliches Kennzeichen[4]) (Absatz 8) führen.

(2) Durch das Versicherungskennzeichen[5]) wird nachgewiesen, daß für das Fahrrad mit Hilfsmotor eine ausreichende Haftpflichtversicherung[6]) (§ 29 a)[7]) besteht. Der Versicherer händigt dem Halter auf Antrag[8]) ein Versicherungkennzeichen aus und erteilt hierüber[9]) eine Bescheinigung; für den Nachweis von Namen und Anschrift des Halters gilt § 23 Abs. 1 Buchstabe a sinngemäß. Der Führer des Fahrzeugs hat die Bescheinigung mitzuführen[10]) und zuständigen Beamten auf Verlangen zur Prüfung auszuhändigen. Versicherungskennzeichen und Bescheinigung verlieren[11]) ihre Geltung mit dem Ablauf des Verkehrsjahres, für das sie erteilt worden sind. Als Verkehrsjahr gilt der Zeitraum vom 1. März bis zum Ablauf des nächsten Monats Februar.

(3) Das Versicherungskennzeichen besteht aus einer Tafel, die eine Erkennungsnummer und das Zeichen des zuständigen Verbandes der Kraftverkehrsversicherer oder, wenn[12]) kein Verband zuständig ist, das Zeichen des Versicherers trägt sowie das Verkehrsjahr angibt, für welches das Versicherungskennzeichen gelten soll. Die Erkennungsnummer setzt sich aus nicht mehr als drei Ziffern und nicht mehr als drei Buchstaben zusammen. Die Ziffern sind in einer Zeile über den Buchstaben anzugeben. Die Nummer ist so zu wählen, daß jedes für das laufende Verkehrsjahr ausgegebene Versicherungskennzeichen sich von allen anderen gültigen Versicherungskennzeichen unterscheidet. Buchstaben, die in der Anlage III nicht berücksichtigt sind, dürfen nicht verwendet werden. Das Verkehrsjahr ist durch die Angabe des Kalenderjahres zu bezeichnen, in welchem es beginnt. Der zuständige Verband der Kraftverkehrsversicherer oder, wenn kein Verband zuständig ist, das Kraftfahrt-Bundesamt teilt mit Genehmigung[13]) des Bundesministers für Verkehr den Versicherern die Erkennnungsnummern zu.

(4) Die Beschriftung des Versicherungskennzeichens ist schwarz. Ihr[14]) Untergrund ist im Verkehrsjahr 1957 weiß, im Verkehrsjahr 1958 hellgelb, im Verkehrsjahr 1959 hellgrün; die Farben wiederholen sich in den folgenden Verkehrsjahren jeweils in dieser Reihenfolge. Form, Größe und

Ausgestaltung des Versicherungskennzeichens müssen dem Muster und den Angaben in Anlage VI enstprechen. Das Versicherungskennzeichen ist an der Rückseite des Fahrzeugs[15]) möglichst unter der Schlußleuchte fest anzubringen[16]). § 60 Abs. 1 Satz 3 und 4, Abs. 2 Satz 3, 4 und 7, Abs. 6 und Abs. 7 Satz 1 Halbsatz 1 gilt entsprechend. Wird ein Anhänger mitgeführt, so ist die Erkennungsnummer[17]) des Versicherungskennzeichens an der Rückseite des Anhängers so zu wiederholen, daß sie in einem Winkelbereich[18]) von je 45 Grad beiderseits der Fahrzeuglängsachse bei Tageslicht auf eine Entfernung von mindestens 15 Metern lesbar ist; die Farben der Schrift und ihres Untergrundes müssen denen des Versicherungskennzeichens des ziehenden Fahrzeugs entsprechen. Eine Einrichtung zur Beleuchtung des Versicherungskennzeichens am Fahrrad mit Hilfsmotor und der Erkennungsnummer am Anhänger ist zulässig, jedoch nicht erforderlich[19]).

(5) Der Versicherer meldet dem Kraftfahrt-Bundesamt auf einer Karteikarte, deren Muster vom Kraftfahrt-Bundesamt genehmigt ist,

a) die Erkennungsnummer des ausgehändigten Versicherungskennzeichens,
b) Namen und Anschrift des Halters,
c) den Hersteller des Fahrzeugs,
d) die Fabriknummer des Fahrgestells,
e) den Zeitpunkt der Beendigung des Versicherungsverhältnisses gemäß § 158c Abs. 2 des Versicherungsvertragsgesetzes.

(6) Das Kraftfahrt-Bundesamt erteilt im Einzelfall auf Antrag Behörden und bei Darlegung eines berechtigten Interesses auch Privatpersonen Auskunft[20]) über die Fahrzeuge, die Halter und die Versicherer.

(7) Endet das Versicherungsverhältnis vor dem Ablauf des Verkehrsjahres, das auf dem Versicherungskennzeichen angegeben ist, so hat der Versicherer den Halter zur unverzüglichen Rückgabe des Versicherungskennzeichens und der darüber erteilten Bescheinigung aufzufordern. Kommt der Halter der Aufforderung nicht nach, so hat der Versicherer hiervon die zuständige Behörde (§ 68) in Kenntnis zu setzen. Die Behörde zieht das Versicherungskennzeichen und die Bescheinigung ein.

(8) Ist der Halter des Fahrrades mit Hilfsmotor nicht verpflichtet,[21]) bei einem Versicherer, der im Inland zum Geschäftsbetrieb befugt ist, eine Haftpflichtversicherung zu nehmen, so teilt ihm die Zulassungsstelle auf Antrag ein amtliches Kennzeichen zu. Form, Größe und Ausgestaltung des amtlichen Kennzeichens müssen dem Muster und den Angaben in Anlage VII oder den Vorschriften entsprechen, die Anlage V für Kleinkrafträder enthält.[22]) Im übrigen gelten mit Ausnahme von § 23 Abs. 4 Satz 1 bis 5[23]) die Bestimmungen über die amtlichen Kennzeichen von Kleinkrafträdern. Die Zuteilung des amtlichen Kennzeichens muß von der Zulassungsstelle auf dem Nachweis eingetragen sein, den der Führer des

Fahrzeugs nach § 67a Abs. 6 mitführt. Eine Einrichtung zur Beleuchtung des amtlichen Kennzeichens ist zulässig, jedoch nicht erforderlich.[24]).

Eingefügt 21. 2. 57, BGBl I 35. Amtl Begründung: VkBl 57, 201. — In Kraft: § 72a VI.

---

[1]) 4 zu § 27; 9 zu § 23. — Die für das Zulassungsverfahren zulassungspflichtiger Fze bestehende Beziehung zwischen Standort und Zulassungsstelle besteht bei den zulfreien FmH in dem behördlichen Vorgehen nach Abs 7 Satz 2 und 3 und Abs 8. — Verlegung des Standorts löst keine Meldepflicht aus. — Geltungsbereich: Inland.

[2]) C zu § 1 StVG; ferner unten Anm 7. Vgl auch § 18 I.

[3]) B zu § 1 StVG. — In Betrieb Setzen iSd Abs 1 bedeutet a) den erstmaligen, b) jeden weiteren Verkehr mittels der Maschinenkraft; also verantwortlich (§ 71): Halter und Führer. — „Gültiges" Zeichen: a) bei erstmaligem Inverkehrbringen: das den Abs 2—5 entsprechende, vom Versicherer ausgehändigte; b) im weiteren Verlauf des Verkehrs: das nicht nach Abs 2 Satz 4, 5, Abs 7 ungültig gewordene.

[4]) Abs 8 hat 2 Arten amtlicher Kennzeichnung versfreier FmH: a) mit dem neugeschaffenen besonderen K der VersRegelung, Anl VII, BGBl 57 I 40, und b) mit dem K, das allgemein dem Kleinkraftrad in dessen vereinfachtem, dem Zulassungsverfahren nachgebildetem Verwaltungsverfahren des § 18 II 2 zugeteilt wird. — Das amtl K zu a) ist rechtlich nicht dem des § 23 gleichzustellen, dessen Zuteilung einen Teil des ZulVerfahrens zulpflichtiger Fze bildet; D II, D II b und g zu § 1 StVG. Es wird, iGgsz VersichKennz, amtlich zugeteilt und hat bzgl der Versicherung negativ die Bedeutung, die das VersKennz positiv — Bestehen einer Versicherung — hat; es weist die VersFreiheit, die Rechtmäßigkeit des Fehlens einer Vers nach. Es ist „Urkunde" (Anm 5) uzw öffentliche.

[5]) Das VersK beweist das Bestehen eines Rechtsverhältnisses, der Versicherung, die für das Fz gilt, an dem es angebracht ist. Es ist Urkunde iSd § 267 StGB. Widerrechtliche Anbringung eines unveränderten echten VersK an einem nichtversicherten Fz ist Herstellung einer unechten Urkunde. — Es ist Privaturkunde; weder Behörde noch Aussteller wirken bei Anbringung mit. Der FzHalter ist selbst zur Anbringung verpflichtet; er ist es, der das Fz „in Betrieb setzt" (Abs 1). — Im übrigen siehe B I zu § 25 StVG.

Die VersK gewährleisten aber nicht nur die Erfüllung der VersPflicht; sie beseitigen ferner beim Fahrer das enthemmende Bewußtsein seiner Anonymität und ermöglichen Ermittlung des Halters bei VerkÜbertretungen, bei Unfällen, zB wenn der bewußtlose Fahrer keine Personalausweise führt, und bei Diebstahl oder unbefugtem Gebrauch (§ 248 b StGB) des Fzs.

[6]) B II c zu § 27 StVG.

[7]) Aus den §§ 29 a—d kann eine VersPflicht nicht zweifelsfrei hergeleitet werden; sie setzen eine vorhandene VersPflicht voraus, regeln die Durchführung einer anderwärts begründeten Pflicht; dasselbe gilt für den durch § 67a abgelösten früheren § 67b; auch § 67a Abs 6 Abschn b (aF) begründete und der jetzige § 67b begründet nicht eine VersPflicht; so auch Begr zu Nr 5 der V 21. 2. 57 unter A, Abs 1 (VkBl 201):

> Ein Versicherungskennzeichen wird vorgeschrieben, wenn der Halter des Fahrrades mit Hilfsmotor verpflichtet ist, bei einem Versicherer, der im Inland zum Geschäftsbetrieb befugt ist, eine Haftpflichtversicherung zu nehmen.

Über alle diese Zweifel: B II c zu § 27 StVG. Der dort versuchten Herleitung der VersPfl aus § 1 PflVG könnte ferner entgegengesetzt werden, daß weder (§ 18 II Nr 2) die KlKr, noch (§ 67a) die FmH zulassungspflichtig sind; der Grundsatz, nur was zulpflichtig, sei auch verspflichtig (Begr zu § 1 PflVG), gilt allerdings nicht ausnahmslos.

Bejaht man aber (B II c Schlußabsatz zu § 27 StVG) trotz beachtlicher Bedenken die VersPflicht der FmH, dann gilt nun auch für sie dasselbe, wie für Kfze allgemein; insb bestünde dann die VersPfl auch bei (ausschließlichem) Verk auf nichtöff Straßen; 1 zu § 1 PflVG (hinter § 7 III StVG); davon aber gerade nimmt Abs 1 die FmH aus! Das FmH, das nur außerhalb öff Straßen in Betrieb gesetzt werden soll, trifft der Abs 1 nicht; es gilt also Abs 8. Diese Ausnahme ist aber eindeutig beschränkt auf FmH, gilt also nicht auch zugunsten der KlKr des § 18 II 2.

[8]) Führen des VersK ist Pflicht; Abs 1; also muß der Versicherer den VersNehmer dazu instandsetzen; „auf Antrag" bedeutet somit: nach Stellen des VersAntrags und Prämienzahlung bedarf es keines Antrags des VersNehmers mehr auf Aushändigung des VersK.

[9]) Nach dem Wortlaut ist die Bescheinigung nicht über das Bestehen der Vers zu erteilen, sondern über die Aushändigung des VersK. Die Praxis vermerkt in der „VersBestätigung" (§ 29b) das VersK.

[10]) § 4 II 2. — Strafe: § 71.

[11]) Das VersK verliert seine Geltung ferner nach Abs 7. — Die Geltung des amtl K des Zulassungsverfahrens (§ 23) wird durch Zeitablauf nicht beeinflußt; § 27 V. Das amtl K des Abs 8 verliert die Geltung, außer dem Fall behördlicher Änderung (§ 23 IV letzter Satz), bei Fortfall der VersFreiheit.

Eine auf ein (Kalender-)Jahr beschränkte Gültigkeit hatte in den Jahren 1947/48 die Besatzungsmacht für die (in ihrer Farbe jährlich wechselnden) Kennzeichen aller Kfze eingeführt; 2 zu § 23.

[12]) Der Satzteil „oder, wenn ..." ist Alternative nur zu dem vorangehenden Satzteil „und das Zeichen des zuständigen Verbandes ...", nicht etwa zu dem Satzteil „eine Erkennungsnummer und das Zeichen ..."

[13]) B I zu § 25 StVG.

[14]) Gemeint ist: Sein.

[15]) Des FmH selbst; s Satz 6!

[16]) Vgl § 60 II 1.

[17]) Abs 3 Satz 2; es fällt also die Beschriftung der unteren Leiste fort, dh Zeichen des Versicherers (VersVerbandes) und VerkJahr. — Zugelassene (§ 18 I) und demgemäß gekennzeichnete (§ 23) Anh brauchen hinter FmH nicht auch noch deren VersKennz: Grund der Regelung in Satz 6 ist nicht (wie beim FmH selbst) Nachweis der Vers — folgerte man schon (Anm 7) die VersPflicht der FmH aus § 1 PflVG, so müßte man für ihre Anhänger auch die VersFreiheit aus § 1 Nr 4 c DV PflVG mit § 18 II Nr 4 h StVZO) gelten lassen —, sondern (wie beim allg Kennzeichen, vgl § 60 V) die Identifizierung, und die ist durch das ZulKennz gewährleistet. Über die Doppelaufgabe der Kennzeichnung, Sicherung der Erfüllung der VersPflicht u n d Ermöglichung der Identifizierung des Halters des FmH, sagt die Begr:

.... mit der raschen Zunahme des Bestandes an FmH haben sich die Klagen darüber erheblich vermehrt, daß es bei Verstößen gegen die Verkehrsdisziplin und bei Belästigung des Publikums durch die Fahrer solcher Fze wegen Fehlens eines Kennzeichens oft nicht möglich ist, die Personalien des Schuldigen festzustellen ...

ferner Einführung des VersKennzeichens,

das die Identifizierung des FzHalters ermöglicht.

[18]) Mit der Festlegung des Winkelbereichs ist die Lesbarkeit (in Beziehung zur Anbringungsart) bestimmt; die sonstigen Elemente der Lesbarkeit (Strichstärke, -höhe, Zwischenraum) enthält Anlage VI der StVZO; sie haben mit der hier behandelten Anbringungsart nichts zu tun. Das gilt auch für die Lesbarkeit „bei Tageslicht"; s auch Abs 8, Schlußsatz; in der Begründung finden sich beide Worte nicht. Satz 7 des Abs 2 von § 60 fordert nicht Lesbarkeit „bei Tageslicht", sondern „stets", und das hat mit den Lichtverhältnissen nichts zu tun.

Auch für das VersK am FmH selbst werden nach Satz 5 die 45° gefordert: § 60 II letzter Satz idF 21. 2. 57, BGBl I 35.

[19]) Schlußleuchte a) FmH: § 67 a IV mit § 67 III; b) Anh: § 67 a IV mit § 67 V.

[20]) Allgemein: B III zu § 15 StVG. — Bei versfreien Fzn ist das KBA nicht beteiligt; Abs 8. Auskunft durch ZulStelle.

[21]) VersFreiheit besteht
a) für die nach PflVG und dessen DV nicht unter die VersPflicht fallenden Fze,
b) bei Verwendung des FmH ausschließlich auf nichtöff Straßen; Anm 7,
c) für vorübergehend aus dem Ausland oder der Sowjetzone einreisende Fze.
Nach Art 17 VII iVm IV des Truppenvertrages kann die Vers auch bei ausländischen VersUntern genommen werden (Begr).

[22]) FmH führen also ein VersKennz, oder, wenn versfrei, ein „amtliches K", und dieses ist entweder das SonderK der versfreien FmH (nach Anlage VII, BGBl 57 I 40) oder das allg K der KlKr nach Anlage V, BGBl 56 I 314.

[23]) Die mit der Stempelung des K zusammenhängenden Vorschriften.

[24]) Schlußleuchte wie nach Abs 4 Satz 7.

Nr 6. Aus nachstehender V ist § 67 b StVZO oben in Nr 5 dieses Nachtrags erläutert.

Verordnung zur Änderung der Straßenverkehrs-Zulassungs-Ordnung und der Gebührenordnung für Maßnahmen im Straßenverkehr.

Vom 21. Februar 1957

BGBl I 35

Auf Grund der §§ 6 und 27 des Straßenverkehrsgesetzes vom 19. Dezember 1952 (Bundesgesetzbl. I S. 837) und des Artikels V Nr. 4 des Gesetzes vom 7. November 1939 über die Einführung der Pflichtversicherung für Kraftfahrzeughalter und zur Änderung des Gesetzes über den Verkehr mit Kraftfahrzeugen sowie des Gesetzes über den Versicherungsvertrag (Reichsgesetzbl. I S. 2223) wird mit Zustimmung des Bundesrates verordnet:

Artikel 1

Die Straßenverkehrs-Zulassungs-Ordnung (StVZO) in der Fassung der Bekanntmachung vom 29. März 1956 (Bundesgesetzbl. I S. 271, 510) und der Verordnung vom 16. Oktober 1956 (Bundesgesetzbl. I S. 814) wird wie folgt geändert und ergänzt:

1. § 18 Abs. 2 Nr. 2 erhält folgende Fassung:
   „2. Kleinkrafträder. Der Führer eines solchen Fahrzeugs muß eine Ablichtung der allgemeinen Betriebserlaubnis (§ 20) oder eine Betriebserlaubnis im Einzelfall (§ 21), die die Zulassungsstelle durch den Vermerk »Betriebserlaubnis erteilt« auf dem Gutachten eines amtlich anerkannten Sachverständigen für den Kraftfahrzeugverkehr ausstellt, mitführen und zuständigen Beamten auf Verlangen zur Prüfung aushändigen. Die Fahrzeuge müssen ein amtliches Kennzeichen führen; Nummer 1 letzter Satz Halbsatz 2 gilt entsprechend;".
2. In § 22 Abs. 3 wird hinter dem Wort „müssen" ein Komma gesetzt und eingefügt: „gleichgültig ob sie an zulassungspflichtigen oder zulassungsfreien Fahrzeugen verwendet werden,".
3. In § 60 Abs. 2 letzter Satz wird die Zahl „60" geändert in "45„.
4. a) In § 67 a Abs. 4 wird Satz 2 gestrichen. Der bisherige Satz 3 erhält folgende Fassung: „Die Vorschriften über die Betriebserlaubnis gelten entsprechend, ebenso § 45 Abs. 1 mit Ausnahme des Satzes 3 und §§ 46, 47, 49 und 59."
   b) In § 67 a Abs. 4 erhält der bisherige Satz 4 Halbsatz 1 folgende Fassung: „§ 67 Abs. 2 Satz 1 und 2 ist nicht anzuwenden;".
   c) In § 67 a Abs. 6 werden das Zeichen „a)" und der Satzteil
   „b) eine Versicherungsbestätigung nach § 29 b, wenn der Halter nicht von der Versicherungspflicht befreit ist."
   gestrichen. Hinter dem Wort „ausstellt" wird das Komma durch einen Punkt ersetzt.
   d) In § 67 a Abs. 6 Satz 2 werden die Worte „der unter Buchstabe a genannten Urkunden" durch die Worte „der vorstehend genannten Urkunden" ersetzt.
5. Hinter § 67 a wird folgender § 67 b eingefügt:

„§ 67 b
Kennzeichen für Fahrräder mit Hilfsmotor

(1) Fahrräder mit Hilfsmotor, deren regelmäßiger Standort sich im Geltungsbereich dieser Verordnung befindet, dürfen auf öffentlichen Straßen nur in Betrieb gesetzt werden, wenn sie ein gültiges Versicherungskennzeichen (Absätze 2 bis 7) oder ein amtliches Kennzeichen (Absatz 8) führen.

(2) Durch das Versicherungskennzeichen wird nachgewiesen, daß für das Fahrrad mit Hilfsmotor eine ausreichende Haftpflichtversicherung (§ 29 a) besteht. Der Versicherer händigt dem Halter auf Antrag ein Versicherungskennzeichen aus und erteilt hierüber eine Bescheinigung; für den Nachweis von Namen und Anschrift des Halters gilt § 23 Abs. 1 Buchstabe a sinngemäß. Der Führer des Fahrzeugs hat die Bescheinigung mitzuführen und zuständigen Beamten auf Verlangen zur Prüfung auszuhändigen. Versicherungskennzeichen und Bescheinigung verlieren ihre Geltung mit dem Ablauf des Verkehrsjahres, für das sie erteilt worden sind. Als Verkehrsjahr gilt der Zeitraum vom 1. März bis zum Ablauf des nächsten Monats Februar.

(3) Das Versicherungskennzeichen besteht aus einer Tafel, die eine Erkennungsnummer und das Zeichen des zuständigen Verbandes der Kraftverkehrsversicherer oder, wenn kein Verband zuständig ist, das Zeichen des Versicherers trägt sowie das Verkehrsjahr angibt, für welches das Versicherungskennzeichen gelten soll. Die Erkennungsnummer setzt sich aus nicht mehr als drei Ziffern und nicht mehr als drei Buchstaben zusammen. Die Ziffern sind in einer Zeile über den Buchstaben anzugeben. Die Nummer ist so zu wählen, daß jedes für das laufende Verkehrsjahr ausgegebene Versicherungskennzeichen sich von allen anderen gültigen Versicherungskennzeichen unterscheidet. Buchstaben, die in der Anlage III nicht berücksichtigt sind, dürfen nicht verwendet werden. Das Verkehrsjahr ist durch die Angabe des Kalenderjahres zu bezeichnen, in welchem es beginnt. Der zuständige Verband der Kraftverkehrsversicherer oder, wenn kein Verband zuständig ist, das Kraftfahrt-Bundesamt teilt mit Genehmigung des Bundesministers für Verkehr den Versicherern die Erkennungsnummern zu.

(4) Die Beschriftung des Versicherungskennzeichens ist schwarz. Ihr Untergrund ist im Verkehrsjahr 1957 weiß, im Verkehrsjahr 1958 hellgelb, im Verkehrsjahr 1959 hellgrün; die Farben wiederholen sich in den folgenden Verkehrsjahren jeweils in dieser Reihenfolge. Form, Größe und Ausgestaltung des Versicherungskennzeichens müssen dem Muster und den Angaben in Anlage VI entsprechen. Das Versicherungskennzeichen ist an der Rückseite des Fahrzeugs möglichst unter der Schlußleuchte fest anzubringen. § 60 Abs. 1 Satz 3 und 4, Abs. 2 Satz 3, 4 und 7, Abs. 6 und Abs. 7 Satz 1 Halbsatz 1 gilt entsprechend. Wird ein Anhänger mitgeführt, so ist die Erkennungsnummer des Versicherungskennzeichens an der Rückseite des Anhängers so zu wiederholen, daß sie in einem Winkelbereich von je 45 Grad beiderseits der Fahrzeuglängsachse bei Tageslicht auf eine Entfernung von mindestens 15 Metern lesbar ist; die Farben der Schrift und ihres Untergrundes müssen denen des Versicherungskennzeichens des ziehenden Fahrzeugs entsprechen. Eine Einrichtung zur Beleuchtung des Versicherungskennzeichens am Fahrrad mit Hilfsmotor und der Erkennungsnummer am Anhänger ist zulässig, jedoch nicht erforderlich.

(5) Der Versicherer meldet dem Kraftfahrt-Bundesamt auf einer Karteikarte, deren Muster vom Kraftfahrt-Bundesamt genehmigt ist,

a) die Erkennungsnummer des ausgehändigten Versicherungskennzeichens,
b) Namen und Anschrift des Halters,
c) den Hersteller des Fahrzeugs,
d) die Fabriknummer des Fahrgestells,
e) den Zeitpunkt der Beendigung des Versicherungsverhältnisses gemäß § 158 c Abs. 2 des Versicherungsvertragsgesetzes.

(6) Das Kraftfahrt-Bundesamt erteilt im Einzelfall auf Antrag Behörden und bei Darlegung eines berechtigten Interesses auch Privatpersonen Auskunft über die Fahrzeuge, die Halter und die Versicherer.

(7) Endet das Versicherungsverhältnis vor dem Ablauf des Verkehrsjahres, das auf dem Versicherungskennzeichen angegeben ist, so hat der Versicherer den Halter zur unverzüglichen Rückgabe des Versicherungskennzeichens und der darüber erteilten Bescheinigung aufzufordern. Kommt der Halter der Aufforderung nicht nach, so hat der Versicherer hiervon die zuständige Behörde (§ 68) in Kenntnis zu setzen. Die Behörde zieht das Versicherungskennzeichen und die Bescheinigung ein.

(8) Ist der Halter des Fahrrades mit Hilfsmotor nicht verpflichtet, bei einem Versicherer, der im Inland zum Geschäftsbetrieb befugt ist, eine Haftpflichtversicherung zu nehmen, so teilt ihm die Zulassungsstelle auf Antrag ein amtliches Kennzeichen zu. Form, Größe und Ausgestaltung des amtlichen Kennzeichens müssen dem Muster und den Angaben in Anlage VII oder den Vorschriften entsprechen, die Anlage V für Kleinkrafträder enthält. Im übrigen gelten mit Ausnahme von § 23 Abs. 4 Satz 1 bis 5 die Bestimmungen über die amtlichen Kennzeichen von Kleinkrafträdern. Die Zuteilung des amtlichen Kennzeichens muß von der Zulassungsstelle auf dem Nachweis eingetragen sein, den der Führer des Fahrzeugs nach § 67 a Abs. 6 mitführt. Eine Einrichtung zur Beleuchtung des amtlichen Kennzeichens ist zulässig, jedoch nicht erforderlich."

6. a) **In § 72 a Abs. 3 werden die Worte „gilt § 67 a Abs. 4, 5 und 6" geändert in „gelten § 67 a Abs. 4, 5 und 6 sowie § 67 b".**

b) § 72 a Abs. 5 erhält folgende Fassung:

„(5) Vom 1. Juli 1956 an können die Zulassungsstellen die Vorführung der Fahrzeuge zur Umkennzeichnung anordnen. An Krafträdern, die vor dem 1. Juli 1957 erstmals in den Verkehr gekommen sind, darf der Abstand des unteren Randes des hinteren Kennzeichens von der Fahrbahn nötigenfalls bis auf 150 Millimeter verringert werden; haben solche Krafträder einen größeren Hubraum als 50 Kubikzentimeter und ist die vorschriftsmäßige Anbringung und Beleuchtung des Kennzeichens nach Muster b der Anlage V außergewöhnlich schwierig, so dürfen Kennzeichen nach Muster a der Anlage V verwendet werden. Legt der Fahrzeughalter bei der Umkennzeichnung den Fahrzeugbrief nicht vor, weil der Brief sich bei einem Sicherungs- oder Vorbehaltseigentümer befindet, so kann die Zulassungsstelle auf die Vorlage verzichten; der Brief ist dann von der Zulassungsstelle bei der nächsten Befassung mit dem Fahrzeug zu berichtigen."

c) § 72 a erhält folgenden Absatz 6:

„(6) Von den Änderungen dieser Verordnung durch die Verordnung vom 21. Februar 1957 (Bundesgesetzbl. I S. 35) treten erst nach dem 1. März 1957 in Kraft die Änderungen zu

§ 18 Abs 2 Nr. 2 am 1. März 1958,

§ 67 a, § 67 b und § 72 a Abs. 3

für Fahrräder mit Hilfsmotor, für die am 31. Mai 1957 keine ausreichende Haftpflichtversicherung besteht,

am 1. Juni 1957,

für die anderen Fahrräder mit Hilfsmotor mit dem Ende der am 31. Mai 1957 laufenden Versicherungsperiode,

spätestens am 1. März 1958.

Versicherungsbestätigungen (§ 29 b) für Fahrzeuge, die ein Versicherungskennzeichen führen müssen, verlieren mit dem Ende der am 31. Mai 1957 laufenden Versicherungsperiode, spätestens mit dem Ablauf des 28. Februar 1958 ihre Geltung. Tritt die Versicherungsbestätigung für ein solches Fahrzeug vor dem Ablauf dieses Tages außer Kraft, so ist sie der zuständigen Behörde unverzüglich abzuliefern. Amtliche Kennzeichen, in deren Erkennungsnummer der Buchstabe „I" enthalten ist, bleiben bis auf weiteres für das Fahrzeug gültig, für das sie bei Beginn des 1. März 1957 zugeteilt waren."

7. § 74 Abs. 2 erhält folgende Fassung:

„(2) Fahrzeuge, die sich am 1. September 1952 im Verkehr befanden und auf die bis zu diesem Tage § 18 Abs. 2 Nr. 2 oder die Vorschriften über Fahrräder mit Hilfsmotor anzuwenden waren, sind weiterhin wie Kleinkrafträder oder Fahrräder mit Hilfsmotor auch dann zu behandeln, wenn der Hubraum des Motors größer ist als 50 Kubikzentimeter, die durch die Bauart bestimmte Höchstleistung jedoch eine Pferdestärke (reduziert) nicht überschreitet; soweit eine Betriebserlaubnis vorgeschrieben ist, genügt eine Betriebserlaubnis für den Motor."

8. In Anlage III Längsspalte 6 und Querspalte 6 wird der Buchstabe „I" jeweils geändert in „J".

9. In Anlage IV wird folgender Abschnitt angefügt:

„II. Sonderkennzeichen

Auf Antrag ist als amtliches Kennzeichen zuzuteilen

1 — 1 für einen Dienstkraftwagen des Präsidenten des Deutschen Bundestages, Zulassungsstelle Bonn, Stadt".

Vor die bisherige Überschrift der Anlage IV wird das Zeichen „I." gesetzt.

10. In Anlage V Seiten 1 und 2 erhält die Aufzählung unter Buchstabe a jeweils folgende Fassung:

„a) Kleinkrafträder, Krankenfahrstühle, Elektrokarren mit einer durch die Bauart bestimmten Höchstgeschwindigkeit von nicht mehr als 20 Kilometern je Stunde und solche Zugmaschinen in land- und forstwirtschaftlichen Betrieben, deren durch die Bauart bestimmte Höchstgeschwindigkeit 30 Kilometer je Stunde nicht überschreitet, sowie Anhänger hinter diesen Fahrzeugen".

11. Vor dem Muster 1 werden die aus dem Anhang ersichtlichen Anlagen VI und VII eingefügt.

Artikel 2

Artikel I Abschnitt A der Gebührenordnung für Maßnahmen im Straßenverkehr vom 17. Juli 1953 (Bundesanzeiger Nr. 137) in der Fassung der Verordnungen vom 14. März 1956 (Bundesgesetzbl. I S. 199) und vom 20. Juni 1956 (Bundesanzeiger Nr. 122) wird wie folgt geändert und ergänzt:

1. Hinter Nummer 31 wird eingefügt:
„32. Bearbeitung von Meldungen nach
§ 67 b Abs. 5 StVZO, je Versicherungskennzeichen . . . . 0,10 DM".
2. Im vorletzten Absatz wird die Angabe „Nummern 1, 2, 6, 7, 12, 13, 29 und 30" geändert in „Nummern 1, 2, 6, 7, 12, 13, 29, 30 und 32".

Artikel 3

(1) Diese Verordnung gilt nach § 14 des Dritten Überleitungsgesetzes vom 4. Januar 1952 (Bundesgesetzbl. I S. 1) in Verbindung mit Artikel 7 des Gesetzes zur Sicherung des Straßenverkehrs vom 19. Dezember 1952 (Bundesgesetzbl. I S. 832) auch im Land Berlin.

(2) Diese Verordnung gilt nicht im Saarland.

Artikel 4

Diese Verordnung tritt am 1. März 1957 in Kraft.

Der Bundesminister für Verkehr

Nr 7 betrifft Anhang 5 des Buches, Seite 1080 ff.

Gesetz zur Änderung des Güterkraftverkehrsgesetzes (GüKG)

Vom 3. Juni 1957

BGBl I 593

Der Bundestag hat mit Zustimmung des Bundesrates das folgende Gesetz beschlossen:

Artikel 1

Das Güterkraftverkehrsgesetz (GüKG) vom 17. Oktober 1952 (Bundesgesetzbl. I S. 697) wird wie folgt geändert:

1. § 2 Abs. 4 erhält folgende Fassung:
„(4) Für Kraftfahrzeuge von Unternehmern in Gemeinden, die in dem von der Bundesregierung anerkannten Zonenrandgebiet der Bundesrepublik Deutschland nach dem Stand vom 1. Januar 1957 liegen, können die höheren Landesverkehrsbehörden zugunsten von Unternehmen des Güternahverkehrs, die bereits am 1. April 1954 ihren Sitz oder eine nicht nur vorübergehende geschäftliche Niederlassung in dem Zonenrandgebiet hatten, angenommene Standorte bestimmen, die mit ihrem Ortsmittelpunkt nicht mehr als 40 km in der Luftlinie von dem Zonenrand der Bundesrepublik Deutschland und von dem Ortsmittelpunkt des tatsächlichen Standorts liegen dürfen. Entsprechendes gilt für die Kraftfahrzeuge von Unternehmern, die ihren Sitz oder eine nicht nur vorübergehende geschäftliche Niederlassung in Gemeinden haben, die nicht weiter als 40 km in der Luftlinie vom Saarland oder nördlich des Nord-Ostsee-Kanals von der Westküste des Landes Schleswig-Holstein entfernt liegen."
2. In § 9 Abs. 2 Satz 2 werden nach den Worten „erstreckt wird" folgende Worte angefügt: „und der Unternehmer das Alter von sechzig Jahren erreicht hat oder infolge amtsärztlich festgestellter Gebrechlichkeit zur Fortführung des Unternehmens auf die Dauer nicht imstande ist."
3. In § 19 Abs. 1 werden nach den Worten „vorläufig weiterführen" die Worte eingefügt: „oder ohne das Erfordernis des § 9 Abs. 2 Satz 2 letzter Halbsatz im ganzen auf einen Dritten übertragen".

4. § 48 Abs. 3 wird aufgehoben. Absatz 4 wird Absatz 3.
5. § 106 Abs. 2 erhält folgende Fassung:
„(2) Der Reichskraftwagentarif vom 30. März 1936 (Reichsverkehrsblatt B S. 71) mit seinen bis zum 18. Oktober 1952 ergangenen Änderungen und Ergänzungen gilt als auf Grund des § 21 Abs. 1 und des § 25 erlassen."

Artikel 2

Das Gesetz gilt nach Maßgabe des § 13 Abs. 1 des Dritten Überleitungsgesetzes vom 4. Januar 1952 (Bundesgesetzbl. I S. 1) auch im Land Berlin.

Artikel 3

Das Gesetz gilt nicht im Saarland.

Artikel 4

Das Gesetz tritt am Tag nach seiner Verkündung, Artikel 1 Nr. 1 einen Monat nach seiner Verkündung in Kraft.

Das vorstehende Gesetz wird hiermit verkündet.

Nr 8

Erste Verordnung über Ausnahmen von Vorschriften der Straßenverkehrs-Zulassungs-Ordnung (Erste Ausnahmeverordnung zur StVZO)

Vom 5. Juni 1957

BGBl I 606

Auf Grund des § 6 Abs. 1 des Straßenverkehrsgesetzes vom 19. Dezember 1952 (Bundesgesetzbl. I S. 837) in Verbindung mit Artikel 5 Abs. 2 des Gesetzes zur Sicherung des Straßenverkehrs vom 19. Dezember 1952 (Bundesgesetzbl. I S. 832) und des § 70 Abs. 1 der Straßenverkehrs-Zulassungs-Ordnung — StVZO — in der Fassung der Bekanntmachung vom 29. März 1956 (Bundesgesetzbl. I S. 271) wird nach Anhören der zuständigen obersten Landesbehörden verordnet:

§ 1

(1) An Arbeitsmaschinen mit einer durch die Bauart bestimmten Höchstgeschwindigkeit von nicht mehr als 20 km/h dürfen die Scheinwerfer höher als 1 m über der Fahrbahn angebracht sein, wenn die in § 50 Abs. 3 StVZO vorgeschriebene Anbringung der Scheinwerfer wegen der Bauart der Arbeitsmaschinen nicht möglich ist. Liegt die untere Spiegelkante der Scheinwerfer höher als 1,20 m über der Fahrbahn, so müssen die Scheinwerfer — abweichend von § 50 Abs. 6 StVZO — so geneigt sein, daß ihre Hell-Dunkel-Grenze in 15 m Entfernung vor dem Scheinwerfer nur halb so hoch liegt wie die Scheinwerfermitte.

(2) Bei Scheinwerfern und Glühlampen für asymmetrisches Abblendlicht darf

a) abweichend von § 50 Abs. 4 StVZO die Leistungsaufnahme für den Leuchtkörper des Fernlichts höchstens 45 W und für den Leuchtkörper des Abblendlichts höchstens 40 W betragen,
b) abweichend von § 50 Abs. 6 StVZO die 1 Lux-Grenze von dem der Scheinwerfermitte entsprechenden Punkt unter einem Winkel von 15° nach rechts ansteigen,

wenn Glühlampen verwendet werden, die in amtlich genehmigter Bauart ausgeführt und mit einem amtlich vorgeschriebenen und zugeteilten Prüfzeichen gekennzeichnet sind (vgl. § 22 Abs. 3 und 4 StVZO).

§ 2

(1) Diese Verordnung gilt nach § 14 des Dritten Überleitungsgesetzes vom 4. Januar 1952 (Bundesgesetzbl. I S. 1) in Verbindung mit Artikel 7 des Gesetzes zur Sicherung des

Straßenverkehrs vom 19. Dezember 1952 (Bundesgesetzbl. I S. 832) auch im Land Berlin.
(2) Diese Verordnung gilt nicht im Saarland.

§ 3

Diese Verordnung tritt am Tage nach ihrer Verkündung in Kraft.

Der Bundesminister für Verkehr

Nr 9. Nachstehendes Gesetz schafft die Voraussetzung für die in Nr 12 dieses Nachtrags enthaltene Regelung der Geschwindigkeit.

Gesetz zur Änderung des Straßenverkehrsgesetzes und des Gesetzes zur Sicherung des Straßenverkehrs

Vom 16. Juli 1957

BGBl I 709

Der Bundestag hat mit Zustimmung des Bundesrates das folgende Gesetz beschlossen:

Artikel 1

Das Straßenverkehrsgesetz vom 19. Dezember 1952 (Bundesgesetzbl. I S. 837) wird wie folgt geändert:
In § 6 Abs. 1 Nr. 3 Buchstabe c werden die Worte „jedoch nicht über die höchstzulässige Fahrgeschwindigkeit von Personenkraftfahrzeugen," gestrichen.

Artikel 2

Artikel 4 Nr. 2 des Gesetzes zur Sicherung des Straßenverkehrs vom 19. Dezember 1952 (Bundesgesetzbl. I S. 832) entfällt.

Artikel 3

Dieses Gesetz gilt nach Maßgabe des § 13 Abs. 1 des Dritten Überleitungsgesetzes vom 4. Januar 1952 (Bundesgesetzbl. I S. 1) auch im Land Berlin.

Artikel 4

Dieses Gesetz tritt am Tage nach seiner Verkündung in Kraft.

Das vorstehende Gesetz wird hiermit verkündet.

Nr 10. Aus nachstehendem Gesetz ist § 6 a StVG oben in Nr 3 dieses Nachtrags erläutert, § 8 a in Nr 4. — Die nicht abgedruckten Art 3 und 4 betreffen nicht das Straßenverkehrsrecht.

Gesetz über Maßnahmen auf dem Gebiete des Verkehrsrechts und Verkehrshaftpflichtrechts

Vom 16. Juli 1957

BGBl I 710

Der Bundestag hat mit Zustimmung des Bundesrates das folgende Gesetz beschlossen:

Artikel 1

Das Straßenverkehrsgesetz vom 19. Dezember 1952 (Bundesgesetzbl. I S. 837) wird wie folgt geändert:

1. In § 4 Abs. 2 wird folgender Satz angefügt:
„Dies gilt nicht für eine Fahrerlaubnis, die auf Grund von Rechtsverordnungen oder allgemeinen Verwaltungsvorschriften gemäß § 6 Abs. 1 von einer Dienststelle der Bundeswehr, der Deutschen Bundesbahn, der Deutschen Bundespost, des Bundesgrenzschutzes oder der Polizei zu dienstlichen Zwecken erteilt worden ist."
2. a) In § 6 Abs. 1 Nr. 3 erhalten die Eingangsworte folgende Fassung:
„die sonstigen zur Erhaltung der Ordnung und Sicherheit auf den öffentlichen Wegen oder Plätzen, zur Verhütung einer über das verkehrsübliche Maß hinausgehenden Abnutzung der Straßen oder zur Verhütung von Belästigungen erforderlichen Maßnahmen über den Straßenverkehr, insbesondere".
b) In § 6 werden an Absatz 1 Nr. 3 Buchstabe d die Worte „und über Beschränkungen des Verkehrs an Sonn- und Feiertagen" angefügt.
c) In § 6 Abs. 1 Nr. 3 Buchstabe g wird hinter dem Wort „beeinträchtigen" der Strichpunkt durch einen Beistrich ersetzt. Angefügt wird:
„h) über die Beförderung gefährlicher Güter auf Straßen;".
d) In § 6 Abs. 1 Nr. 4 werden die Worte „eines Lastkraftwagens oder Kraftomnibusses" durch die Worte „eines Lastkraftwagens, einer Zugmaschine oder eines Kraftomnibusses" ersetzt.
e) In § 6 Abs. 1 letzter Satz werden hinter dem Wort „Fahrzeugteilen" die Worte „sowie Rechtsverordnungen über allgemeine Ausnahmen von den auf diesem Gesetz beruhenden Rechtsvorschriften" eingefügt.
f) § 6 Abs. 2 erhält folgende Fassung:
„(2) Soweit auf Grund von Rechtsverordnungen oder allgemeinen Verwaltungsvorschriften nach Absatz 1 die Bundeswehr, die Deutsche Bundesbahn, die Deutsche Bundespost, der Bundesgrenzschutz oder die Polizei Personen, die sie als Führer von Kraftfahrzeugen verwenden, die Fahrerlaubnis versagt oder entzogen haben, finden die Vorschriften des § 5 keine Anwendung."
3. Es wird folgender § 6a eingefügt:

§ 6a

(1) Der Bundesminister für Verkehr erläßt mit Zustimmung des Bundesrates Rechtsvorschriften und allgemeine Verwaltungsvorschriften über die karteimäßige Erfassung von rechtskräftigen Entscheidungen der Strafgerichte, soweit sie wegen einer in Zusammenhang mit der Teilnahme am Straßenverkehr begangenen, mit Strafe bedrohten Handlung auf Strafe oder andere gerichtliche Maßnahmen erkennen oder einen Schuldspruch enthalten. Dasselbe gilt für Entscheidungen, durch welche die vorläufige Entziehung der Fahrerlaubnis angeordnet wird.

(2) Das Gericht ordnet an, daß die Verurteilung wegen einer Übertretung in die Kartei nicht eingetragen wird, wenn die Voraussetzungen für die Erteilung einer gebührenpflichtigen Verwarnung nach §§ 22 vorlagen oder diese nur deshalb nicht erteilt worden ist, weil der Verurteilte mit ihr nicht einverstanden oder zur sofortigen Zahlung der Gebühr nicht bereit war. Bei Urteilen ergeht die Anordnung durch Beschluß, der mit dem Urteil zu verkünden ist. Die Anordnung ist nachzuholen, wenn sie unterblieben ist.

(3) Eintragungen in die Kartei sind spätestens zu tilgen, wenn nach gesetzlicher Vorschrift die entsprechenden Vermerke im Strafregister der beschränkten Auskunft unterworfen oder dort zu tilgen sind. Für die Tilgung von Eintragungen, die im Strafregister nicht vermerkt werden, ist eine für den Betroffenen günstigere Regelung vorzusehen. Dabei darf die Tilgungsfrist bei Übertretungen, die mit Geldstrafe geahndet worden sind, nicht mehr als zwei Jahre betragen, wenn keine weiteren Eintragungen über den Verurteilten in der Kartei enthalten sind.

(4) Die Tilgung nach Absatz 3 unterbleibt, solange die Erteilung einer neuen Fahrerlaubnis untersagt ist.

(5) Die Kartei darf nur für Zwecke der Strafverfolgung, für Verwaltungsmaßnahmen auf Grund dieses Gesetzes oder der auf ihm beruhenden Rechtsvorschriften und für die Vorbereitung von Rechts- und allgemeinen Verwaltungsvorschriften auf dem Gebiete des Straßenverkehrs verwertet werden.

(6) Auskünfte an die Gerichte und Behörden der Staatsanwaltschaft sind so zu erteilen, daß diese Akten über die Verurteilungen beiziehen können."
4. a) § 8 Abs. 2 wird gestrichen.
b) Es wird folgender § 8a eingefügt:

„§ 8a

(1) Ist eine durch ein Kraftfahrzeug beförderte Person getötet oder verletzt worden, so haftet der Halter dieses Fahrzeugs nach § 7 nur dann, wenn es sich um entgeltliche, geschäftsmäßige Personenbeförderung handelt. Ist eine durch ein Kraftfahrzeug beförderte Sache beschädigt worden, so haftet der Halter dieses Fahrzeugs nach § 7 nur, wenn eine durch das Kraftfahrzeug unter den Voraussetzungen des Satzes 1 beförderte Person die Sache an sich trägt oder mit sich führt. Die Geschäftsmäßigkeit einer Personenbeförderung im Sinne der Sätze 1 und 2 wird nicht dadurch ausgeschlossen, daß die Beförderung von einer Körperschaft oder Anstalt des öffentlichen Rechts betrieben wird.

(2) Die Verpflichtung des Halters, wegen Tötung oder Verletzung beförderter Personen Schadensersatz nach Absatz 1 Satz 1 in Verbindung mit § 7 zu leisten, darf weder ausgeschlossen noch beschränkt werden. Entgegenstehende Bestimmungen und Vereinbarungen sind nichtig."

5. a) In § 12 Abs. 1 Nr. 1 treten an die Stelle der Worte „nur bis zu einem Kapitalbetrag von fünfundzwanzigtausend Deutsche Mark oder bis zu einem Rentenbetrag von jährlich eintausendfünfhundert Deutsche Mark" die Worte „nur bis zu einem Kapitalbetrag von fünfzigtausend Deutsche Mark oder bis zu einem Rentenbetrag von jährlich dreitausend Deutsche Mark".

   b) In § 12 Abs. 1 Nr. 2 treten an die Stelle der Worte „nur bis zu einem Kapitalbetrag von insgesamt fünfundsiebzigtausend Deutsche Mark oder bis zu einem Rentenbetrag von insgesamt viertausendfünfhundert Deutsche Mark" die Worte „nur bis zu einem Kapitalbetrag von insgesamt einhundertfünfzigtausend Deutsche Mark oder bis zu einem Rentenbetrag von insgesamt neuntausend Deutsche Mark".

   c) In § 12 Abs. 1 Nr. 3 treten an die Stelle der Worte „nur bis zum Betrag von fünftausend Deutsche Mark" die Worte „nur bis zum Betrag von zehntausend Deutsche Mark".

   d) In § 12 Abs. 1 Nr. 2 erhält der zweite Halbsatz folgende Fassung:
   „diese Beschränkung gilt in den Fällen des § 8a Abs. 1 Satz 1 nicht für den ersatzpflichtigen Halter des Kraftfahrzeugs,".

   e) § 12 Abs. 3 wird aufgehoben.

6. Die Überschrift des Abschnitts III erhält folgende Fassung:

   „III. Strafen und gebührenpflichtige Verwarnungen".

7. § 21 erhält folgende Fassung:

   „§ 21

   Wer den Anordnungen zuwiderhandelt, die über den Straßenverkehr zur Erhaltung der Ordnung und Sicherheit auf den öffentlichen Wegen oder Plätzen, zur Verhütung einer über das verkehrsübliche Maß hinausgehenden Abnutzung der Straßen oder zur Verhütung von Belästigungen erlassen worden sind, wird mit Geldstrafe bis zu einhundertfünfzig Deutsche Mark oder mit Haft bestraft."

8. In § 22 Abs. 1 Satz 1 werden die Worte „bis zu zwei Deutsche Mark" durch die Worte „von einer bis zu fünf Deutsche Mark" ersetzt.

9. § 25 erhält folgende Fassung:

   „§ 25

   (1) Wer in rechtwidriger Absicht
   1. ein Kraftfahrzeug oder einen Kraftfahrzeuganhänger, für die ein amtliches Kennzeichen nicht ausgegeben oder zugelassen worden ist, mit einem Zeichen versieht, das geeignet ist, den Anschein amtlicher Kennzeichnung hervorzurufen,
   2. ein Kraftfahrzeug oder einen Kraftfahrzeuganhänger mit einer anderen als der amtlich für das Fahrzeug ausgegebenen oder zugelassenen Kennzeichnung versieht,
   3. das an einem Kraftfahrzeug oder einem Kraftfahrzeuganhänger angebrachte amtliche Kennzeichen verändert, beseitigt, verdeckt oder sonst in seiner Erkennbarkeit beeinträchtigt,

   wird, sofern nicht nach den Vorschriften des Strafgesetzbuchs eine höhere Strafe verwirkt ist, mit Geldstrafe oder mit Gefängnis bis zu drei Monaten bestraft.

(2) Die gleiche Strafe trifft Personen, welche auf öffentlichen Wegen oder Plätzen von einem Kraftfahrzeug oder einem Kraftfahrzeuganhänger Gebrauch machen, von denen sie wissen, daß die Kennzeichnung in der in Absatz 1 Nr. 1 bis 3 bezeichneten Art gefälscht, verfälscht oder unterdrückt worden ist."

10. a) In § 27 Abs. 1 Satz 1 werden hinter dem Wort „Ausnahme" die Worte „des § 1 Abs. 2 und" eingefügt.

b) In § 27 wird an Absatz 3 folgender Satz angefügt:
„§ 6 Abs. 1 letzter Satz gilt entsprechend."

Artikel 2

§ 4 Abs. 1 und 2 des Gesetzes über die Haftpflicht der Eisenbahnen und Straßenbahnen für Sachschaden vom 29. April 1940 (Reichsgesetzbl. I S. 691) werden dahingehend geändert, daß jeweils an die Stelle der Worte „fünfzehntausend Deutsche Mark" die Worte „fünfundzwanzigtausend Deutsche Mark" treten.

Artikel 5

In § 2 des Gesetzes über die Errichtung eines Kraftfahrt-Bundesamtes vom 4. August 1951 (Bundesgesetzbl. I S. 488) wird nach Nummer 4 eingefügt:

„4 a. die Führung der in § 6 a des Straßenverkehrsgesetzes vorgesehenen Kartei;".

Artikel 6

Die in Artikel 1 Nr. 5 und in den Artikeln 2 und 4 bestimmen Beträge gelten vorbehaltlich des Artikels 7 nur, wenn das schädigende Ereignis nach dem Inkrafttreten dieses Gesetzes eingetreten ist.

Artikel 7

(1) Ist nach den Vorschriften des Straßenverkehrsgesetzes wegen der Tötung oder Verletzung eines Menschen Schadensersatz zu leisten, so kann der Ersatzberechtigte, soweit es nach seinen Verhältnissen aus Billigkeitsgründen erforderlich ist und dem Ersatzpflichtigen zugemutet werden kann, Schadensersatz bis zur Höhe der in Artikel 1 Nr. 5 bestimmten Beträge auch dann verlangen, wenn das schädigende Ereignis vor dem Inkrafttreten dieses Gesetzes eingetreten ist. Soweit der Schadensersatz durch Entrichtung einer Geldrente zu leisten ist, gilt dies nur für diejenigen Rentenbeträge, die nach dem Inkrafttreten dieses Gesetzes fällig werden.

(2) Absatz 1 ist auch anzuwenden, wenn der Ersatzflichtige und der Ersatzberechtigte sich vor dem Inkrafttreten dieses Gesetzes dahin geeinigt haben, daß der Ersatz durch Entrichtung einer Geldrente zu leisten ist; dies gilt nicht, wenn und soweit die bisherigen Haftungshöchstbeträge für die Bestimmung der Höhe der Rentenbeträge nicht maßgebend waren oder wenn sich aus den Vereinbarungen der Beteiligten etwas anderes ergibt.

(3) Absatz 1 gilt nicht,

1. wenn vor dem Inkrafttreten dieses Gesetzes dem Ersatzberechtigten durch rechtskräftiges Urteil statt einer Geldrente ein Kapitalbetrag auf Grund der bisher geltenden Vorschriften zuerkannt worden ist,
oder
2. wenn der Ersatzpflichtige und der Ersatzberechtigte sich vor dem Inkrafttreten dieses Gesetzes dahin geeinigt haben, daß als Schadensersatz für die Zukunft ein Kapitalbetrag zu entrichten ist,
oder
3. wenn und soweit die Ersatzansprüche auf einen anderen übergegangen sind.

(4) Ist durch rechtskräftiges Urteil auf Entrichtung einer Geldrente erkannt oder ist eine Verpflichtung zur Zahlung einer Geldrente in einem gerichtlichen Vergleich oder in einer vollstreckbaren Urkunde (§ 794 Nr. 1 und 5 der Zivilprozeßordnung) übernommen, so kann der Ersatzberechtigte im Wege der Klage eine den vorstehenden Vorschriften entsprechende Abänderung verlangen; die Vorschriften des § 323 Abs. 2 und 3 der Zivilprozeßordnung sind entsprechend anzuwenden.

(5) Der sich aus Absatz 1 ergebende Anspruch verjährt in zwei Jahren von dem Zeitpunkt an, in welchem der Ersatzberechtigte Kenntnis von den Umständen erlangt, aus denen sich der Anspruch ergibt, jedoch frühestens vom Inkrafttreten dieses Gesetzes an. Im übrigen gelten für die Verjährung die Vorschriften des § 14 Abs. 2, 3 des Straßenverkehrsgesetzes entsprechend.

(6) Der in Absatz 1 bestimmte Anspruch kann insoweit nicht geltend gemacht werden, als auf dem Straßenverkehrsgesetz beruhende Schadensersatzansprüche gemäß §§ 14, 15 des Straßenverkehrsgesetzes nicht geltend gemacht werden können.

Artikel 8

1. Artikel I des Gesetzes über die Einführung der Pflichtversicherung für Kraftfahrzeughalter und zur Änderung des Gesetzes über den Verkehr mit Kraftfahrzeugen sowie des Gesetzes über den Versicherungsvertrag vom 7. November 1939 (Reichsgesetzbl. I S. 2223) wird wie folgt geändert:

   a) § 2 erhält folgende Fassung:

   „§ 2

   (1) § 1 gilt nicht für
   a) die Bundesrepublik Deutschland,
   b) die Länder,
   c) die Gemeinden mit mehr als einhunderttausend Einwohnern,
   d) die Gemeindeverbände sowie Zweckverbände, denen ausschließlich Körperschaften des öffentlichen Rechts angehören.

   (2) Die nach Absatz 1 von der Versicherungspflicht befreiten Fahrzeughalter haben, sofern nicht auf Grund einer von ihnen zugunsten des berechtigten Fahrers abgeschlossenen und den Vorschriften dieses Gesetzes entsprechenden Versicherung Haftpflichtversicherungsschutz gewährt wird, bei Inanspruchnahme des Fahrers aus Schäden der in § 1 bezeichneten Art in gleicher Weise und in gleichem Umfange einzutreten wie ein Versicherer bei Bestehen einer nach diesem Gesetz ausreichenden Haftpflichtversicherung. Die Vorschriften des Sechsten Titels des Zweiten Abschnitts des Gesetzes über den Versicherungsvertrag sowie die von der Aufsichtsbehörde genehmigten Allgemeinen Versicherungsbedingungen für die Kraftfahrversicherung sind sinngemäß anzuwenden. Erfüllt der Fahrzeughalter nach Satz 1 Schadensersatzverpflichtungen des Fahrers, so gilt § 158f des Gesetzes über den Versicherungsvertrag entsprechend, wenn bei ausreichender Versicherung der Versicherer gegenüber dem Fahrer leistungsfrei gewesen wäre; im übrigen ist der Rückgriff des Halters gegenüber dem berechtigten Fahrer ausgeschlossen."

   b) § 4 erhält folgenden Absatz 2:

   „(2) Im Falle des § 2 Abs. 2 wird die dort bezeichnete Verpflichtung durch den Betrag der amtlich festgesetzten Mindestversicherungssummen begrenzt."

2. § 1 Nr. 1 bis 3 und § 2 der Verordnung zur Durchführung und Ergänzung des Gesetzes über die Einführung der Pflichtversicherung für Kraftfahrzeughalter und zur Änderung des Gesetzes über den Verkehr mit Kraftfahrzeugen sowie des Gesetzes über den Versicherungsvertrag vom 6. April 1940 (Reichsgesetzbl. I S. 617) werden aufgehoben.

Artikel 9

Dieses Gesetz gilt nach Maßgabe des § 13 Abs. 1 des dritten Überleitungsgesetzes vom 4. Januar 1952 (Bundesgesetzbl. I S. 1) auch im Land Berlin. Rechtsverordnungen, die auf Grund der in diesem Gesetz enthaltenen Ermächtigungen erlassen werden, gelten im Land Berlin nach § 14 des Dritten Überleitungsgesetzes.

Artikel 10

Dieses Gesetz tritt am Tage nach seiner Verkündung in Kraft, hinsichtlich des Artikels 1 Nr. 7 und 9 jedoch im Land Berlin erst am Tage nach der Verkündung des Übernahmegesetzes im Gesetz- und Verordnungsblatt für Berlin.

Das vorstehende Gesetz wird hiermit verkündet.

Nr 11. Nachstehende V führt den in Nr 3 dieses Nachtrags erläuterten § 6a StVG aus.

Verordnung zur Änderung der Straßenverkehrs-Zulassungs-Ordnung

Vom 25. Juli 1957

BGBl I 777

Auf Grund der §§ 6, 6a und 27 des Straßenverkehrsgesetzes wird mit Zustimmung des Bundesrates verordnet:

Artikel 1

Die Straßenverkehrs-Zulassungs-Ordnung in der Fassung der Bekanntmachung vom 29. März 1956 (Bundesgesetzbl. I S. 271, 510) und der Verordnungen vom 16. Oktober 1956 (Bundesgesetzbl. I S. 814) und vom 21. Februar 1957 (Bundesgesetzbl. I S. 35), im Saarland die nach der 6. Verordnung zur Änderung der Straßenverkehrs-Zulassungs-Ordnung vom 20. Dezember 1956 (Amtsblatt des Saarlandes S. 1637) derzeitig gültige Fassung der Straßenverkehrs-Zulassungs-Ordnung vom 13. November 1937 (Reichsgesetzbl. I S. 1215), wird wie folgt geändert und ergänzt:

1. § 13 erhält folgende Fassung:

„§ 13

Zentralkartei über Versagungen und Entziehungen der Fahrerlaubnis, über Verbote des Führens von Fahrzeugen und über Verurteilungen wegen Verkehrsstraftaten

(1) Das Kraftfahrt-Bundesamt erfaßt in einer Kartei

1. folgende Entscheidungen der Verwaltungsbehörden:
   a) die Versagung einer Fahrerlaubnis, auch wenn sie noch anfechtbar ist, und die Erteilung einer Fahrerlaubnis nach einer in der Kartei eingetragenen Versagung oder Entziehung,
   b) die unanfechtbare und die vorläufig wirksame Entziehung einer Fahrerlaubnis,
   c) das unanfechtbare und das vorläufig wirksame Verbot, ein Fahrzeug zu führen, und die Aufhebung des unanfechtbaren Verbots,
   d) Anordnungen, durch die nach § 4 Abs. 4 des Straßenverkehrsgesetzes festgesetzte Fristen oder Bedingungen geändert werden;
2. folgende Entscheidungen der Strafgerichte:
   a) die rechtskräftige und die vorläufige Entziehung einer Fahrerlaubnis,
   b) Beschlüsse nach § 42m Abs. 4 des Strafgesetzbuchs,
   c) rechtskräftige Verurteilungen wegen Straftaten nach den §§ 142, 315a, 316 Abs. 2 und § 316a des Strafgesetzbuchs, nach dem Straßenverkehrsgesetz (mit Ausnahme des § 26 Nr. 5), nach der Straßenverkehrs-Ordnung, nach den Gesetzen über die Pflichtversicherung für Kraftfahrzeuge und Kraftfahrzeuganhänger sowie nach dieser Verordnung, soweit es sich um Verstöße gegen § 2 Abs. 1, § 15a, § 18, die Vorschriften des § 22 Abs. 3 und 4 über die Verwendung von Fahrzeugteilen, § 28 oder die §§ 30 bis 67b handelt,
   d) rechtskräftige Verurteilungen wegen Straftaten nach den §§ 222, 230, 315 und 316 Abs. 1 des Strafgesetzbuchs, wenn sie in Zusammenhang mit der Teilnahme am Straßenverkehr begangen worden sind,
   e) rechtskräftige Verurteilungen wegen Straftaten nach § 330a des Strafgesetzbuchs, wenn sie sich auf eine der unter Buchstabe c oder d genannten mit Strafe bedrohten Handlungen beziehen;
3. Entscheidungen der Gnadenbehörden über die Aufhebung oder Abkürzung einer nach § 42m Abs. 3 Satz 2 des Strafgesetzbuchs festgesetzten Frist.

(2) Die Erfassung unterbleibt, wenn das Gericht nach § 6a Abs. 2 des Straßenverkehrsgesetzes angeordnet hat, daß die Verurteilung wegen einer Übertretung nicht nicht in die Kartei eingetragen wird.

(3) Enthält eine strafgerichtliche Entscheidung auch eine Verurteilung wegen anderer als der in Absatz 1 Nr. 2 bezeichneten Straftaten und ist die zu erfassende Straftat durch eine Gesamtstrafe geahndet worden, so ist die für diese Straftat eingesetzte Einzelstrafe einzutragen. Ist im Falle des Satzes 1 einheitlich auf Jugendstrafe erkannt worden, so wird nur die Verurteilung wegen einer in Absatz 1 Nr. 2 bezeich-

neten Straftat, nicht aber die Höhe der Jugendstrafe eingetragen. Sonst sind von Strafen oder gerichtlichen Maßnahmen nur diejenigen einzutragen, auf die wegen der nach Absatz 1 Nr. 2 zu berücksichtigenden Taten erkannt ist."

2. Nach § 13 wird eingefügt:

„§ 13a

Tilgung der Eintragungen in der Kartei

(1) Eintragungen in der Kartei sind nach Ablauf einer bestimmten Frist zu tilgen. Die Frist beginnt mit dem in der Kartei vermerkten Tag der beschwerenden Entscheidung. Sie beträgt

1. bei Versagung oder Entziehung einer Fahrerlaubnis und beim Verbot, Fahrzeuge zu führen, zehn Jahre, wenn jedoch der Betroffene im Zeitpunkt der beschwerenden Entscheidung noch nicht achtzehn Jahre alt war, drei Jahre. Ist die Fahrerlaubnis in Verbindung mit Erziehungsmaßregeln, Zuchtmitteln oder Jugendstrafe entzogen worden, so beträgt die Frist beim Zusammentreffen der Entziehung mit Jugendstrafe von mehr als einem Jahr fünf Jahre, in den übrigen Fällen und bei Eintragungen nach § 13 Abs. 3 Satz 2 drei Jahre;
2. bei Verurteilungen, die nicht mit der Entziehung der Fahrerlaubnis verbunden sind,
   a) zehn Jahre, wenn auf Freiheitsstrafe von mehr als drei Monaten — mit Ausnahme von Jugendstrafe — erkannt worden ist,
   b) fünf Jahre, wenn auf Jugendstrafe von mehr als einem Jahr, auf eine andere Freiheitsstrafe von nicht mehr als drei Monaten oder auf Geldstrafe von mehr als einhundertfünfzig Deutsche Mark erkannt worden ist,
   c) drei Jahre, wenn auf Jugendstrafe von nicht mehr als einem Jahr erkannt worden ist,
   d) zwei Jahre, wenn auf Geldstrafe von nicht mehr als einhundertfünfzig Deutsche Mark oder auf Erziehungsmaßregeln oder Zuchtmittel erkannt oder wenn eine Verurteilung nach § 13 Abs. 3 Satz 2 eingetragen worden ist.

Nebenstrafen und Nebenfolgen werden bei der Berechnung der Fristen nicht berücksichtigt.

(2) Sind hinsichtlich einer Person mehrere strafgerichtliche Entscheidungen eingetragen, so wird jede von ihnen erst getilgt, wenn für alle Eintragungen dieser Art die Voraussetzungen der Tilgung vorliegen. Vermerke über Verurteilungen, die nur auf Geldstrafe, Erziehungmaßregeln oder Zuchtmittel — allein oder in Verbindung mit Nebenstrafen — lauten, hindern die Tilgung anderer Eintragungen nicht.

(3) Ohne Rücksicht auf den Lauf der Fristen werden getilgt

1. Eintragungen über Verurteilungen, wenn sie im Strafregister nach § 8 des Straftilgungsgesetzes oder nach anderen gesetzlichen Vorschriften der beschränkten Auskunft unterworfen werden oder wenn die Tilgung oder die Beseitigung des Strafmakels (§ 97 des Jugendgerichtsgesetzes) angeordnet oder die Verurteilung im Wiederaufnahmeverfahren rechtskräftig aufgehoben wird,
2. Eintragungen, die in das Strafregister nicht aufzunehmen sind, wenn ihre Tilgung durch die nach Landesrecht zuständige Behörde angeordnet wird; die Anordnung darf nur ergehen, wenn dies zur Vermeidung ungerechtfertigter Härten erforderlich ist und öffentliche Interessen nicht gefährdet werden.

(4) Eintragungen von gerichtlichen Entscheidungen über die vorläufige Entziehung der Fahrerlaubnis und von anfechtbaren Entscheidungen der Verwaltungsbehörden sind zu tilgen, wenn die Entscheidungen aufgehoben werden. Wird die vorläufige Entziehung der Fahrerlaubnis nicht aufgehoben, so ist ihre Eintragung zusammen mit dem Vermerk über die rechtskräftige Entziehung zu tilgen.

(5) Die Tilgung nach den Absätzen 1 bis 4 unterbleibt, solange die Erteilung einer neuen Fahrerlaubnis untersagt ist. Die Tilgung der Eintragung eines Verbots, Fahrzeuge zu führen, unterbleibt auch, solange das Verbot wirksam ist.

(6) Mit der Eintragung einer beschwerenden Entscheidung sind auch die Eintragungen von nichtbeschwerenden Entscheidungen zu tilgen, die sich auf sie beziehen.

(7) Eintragungen, die zu tilgen sind, werden aus der Kartei entfernt oder darin unkenntlich gemacht.

§ 13b

Mitteilungen von Entscheidungen an das Kraftfahrt-Bundesamt

(1) Entscheidungen, die das Kraftfahrt-Bundesamt nach den §§ 13 und 13a zu berücksichtigen hat, werden ihm mitgeteilt. Insbesondere sind ihm mitzuteilen:

1. Entscheidungen, die nach § 13 in die Kartei eingetragen werden,
2. Entscheidungen, welche die vorläufige Entziehung einer Fahrerlaubnis aufheben,
3. Entscheidungen, die eine anfechtbare, in die Kartei einzutragende Entscheidung einer Verwaltungsbehörde aufheben,
4. Entscheidungen, durch die für eine Eintragung im Strafregister die beschränkte Auskunft oder die Tilgung angeordnet oder die Beseitigung des Strafmakels angeordnet oder widerrufen wird, soweit sie eine in die Kartei einzutragende Entscheidung betreffen,
5. Entscheidungen im Wiederaufnahmeverfahren, durch die eine in die Kartei einzutragende Verurteilung rechtskräftig aufgehoben oder geändert wird,
6. Entscheidungen, durch welche die Tilgung einer Eintragung in der Kartei angeordnet wird.

(2) Entscheidungen nach Absatz 1 sind auch mitzuteilen, wenn sie sich auf die Versagung oder Entziehung einer Fahrerlaubnis oder das Verbot, ein Kraftfahrzeug zu führen, beziehen, und die Versagung, die Entziehung oder das Verbot vor dem 1. Januar 1958 angeordnet worden war.

(3) Zur Mitteilung an das Kraftfahrt-Bundesamt ist die Behörde, welche die Entscheidung erlassen hat, oder die von ihr bestimmte Behörde verpflichtet. Bei strafgerichtlichen Entscheidungen bestimmt sich die Zuständigkeit für die Mitteilungen nach den allgemeinen Justizverwaltungsvorschriften über Mitteilungen in Strafsachen.

§ 13c

Auskünfte aus der Kartei

(1) Die Kartei darf nur für Zwecke der Strafverfolgung, für Verwaltungsmaßnahmen auf Grund des Straßenverkehrsgesetzes oder der auf ihm beruhenden Rechtsvorschriften und für die Vorbereitung von Rechts- und allgemeinen Verwaltungsvorschriften auf dem Gebiet des Straßenverkehrs verwertet werden. Unberührt bleibt die Befugnis, Auskünfte über Eintragungen im Strafregister zu berücksichtigen.

(2) Auskünfte aus der Kartei gibt das Kraftfahrt-Bundesamt den Stellen, denen die in Absatz 1 genannten Aufgaben obliegen. Auskünfte auf Anfragen sind, soweit sich aus diesen nichts anderes ergibt, so zu erteilen, daß die anfragende Stelle die Akten über die Entscheidungen beiziehen kann.

§ 13d

Anfragen beim Kraftfahrt-Bundesamt

Vor Erteilung einer Fahrerlaubnis oder vor der Ausfertigung einer Ersatzurkunde für einen verlorenen Führerschein hat die Verwaltungsbehörde bei dem Kraftfahrt-Bundesamt anzufragen, ob Nachteiliges über den Antragsteller bekannt ist. Die Anfrage kann auf Wunsch des Antragstellers und auf seine Kosten telegrafisch erfolgen. Bei Inhabern einer ausländischen Fahrerlaubnis (§ 15) kann von der Anfrage abgesehen werden.

§ 13e

Vordrucke

Für die Mitteilungen nach § 13b, die Einholung von Auskünften nach § 13c und die Anfragen nach § 13d sind Vordrucke zu verwenden. Das Nähere über Inhalt und Ausgestaltung wird vom Bundesminister für Verkehr durch allgemeine Verwaltungsvorschriften mit Zustimmung des Bundesrates geregelt. Die Vordrucke für die Mitteilungen nach § 13b und die Anfragen nach § 13d werden vom Kraftfahrt-Bundesamt kostenfrei ausgegeben."

3. In § 72 Abs. 4 wird die Angabe „31. August 1957" geändert in „30. Juni 1958".
4. a) In § 72a Abs. 5 wird die Angabe „1. Juli 1957" geändert in „1. April 1958".
   b) § 72a erhält folgenden Absatz 7:
   „(7) Die Änderungen des § 13 dieser Verordnung durch die Verordnung vom 25. Juli 1957 (Bundesgesetzbl. I S. 777) sowie die §§ 13a bis 13e treten am 1. Januar 1958 in Kraft."

5. a) § 73 Abs. 1 Buchstabe d erhält folgende Fassung:

„d) Blinkleuchten als Fahrtrichtungsanzeiger und Scheiben aus Sicherheitsglas, wenn diese Einrichtungen vor dem 1. April 1957 bereits in Gebrauch genommen worden sind und an Fahrzeugen verwendet werden, die vor diesem Tage erstmals in den Verkehr gebracht worden sind,".

b) In § 73 Abs. 1 Buchstabe e wird der Punkt durch ein Komma ersetzt und angefügt:

„f) Bremsbeläge, die vor dem 1. April 1958 hergestellt werden und an Fahrzeugen verwendet werden, die vor diesem Tage erstmals in den Verkehr gebracht worden sind."

Artikel 2

(1) Diese Verordnung gilt nach § 14 des Dritten Überleitungsgesetzes vom 4. Januar 1952 (Bundesgesetzbl. I S. 1) in Verbindung mit Artikel 7 des Gesetzes zur Sicherung des Straßenverkehrs vom 19. Dezember 1952 (Bundesgesetzbl. I S. 832) und Artikel 9 des Gesetzes über Maßnahmen auf dem Gebiete des Verkehrsrechts und Verkehrshaftpflichtrechts vom 16. Juli 1957 (Bundesgesetzbl. I S. 710) auch im Land Berlin.

(2) Diese Verordnung gilt mit Ausnahme des Artikels 1 Nr. 1 und 2 und der Vorschrift des Artikels 3 über das Inkrafttreten des Artikels 1 Nr. 1 und 2 nicht im Saarland.

Artikel 3

Von den Vorschriften dieser Verordnung treten in Kraft
Artikel 1 Nr. 1, Nr. 2 und Nr. 4 Buchstabe b am 1. Januar 1958,
Artikel 1 Nr. 4 Buchstabe a am 1. Juli 1957,
die übrigen Bestimmungen am Tage nach der Verkündung.

Bundesminister für Verkehr

Nr 12. Der auf Seite 813 des Buches (siehe auch Seite 66) enthaltene Abs 4 des § 9 StVO ist durch die nachstehende Fassung zu ersetzen.

Verordnung zur Änderung der Straßenverkehrs-Ordnung

Vom 25. Juli 1957

BGBl I 780

Auf Grund der §§ 6 und 27 des Straßenverkehrsgesetzes wird mit Zustimmung des Bundesrates verordnet:

§ 1

Die Straßenverkehrs-Ordnung in der Fassung der Bekanntmachung vom 26. März 1956 (Bundesgesetzbl. I S. 271, 327) und in der im Saarland geltenden Fassung der Bekanntmachung vom 12. November 1956 (Amtsblatt des Saarlandes S. 1474) wird wie folgt geändert:

§ 9 Abs. 4 erhält folgende Fassung:

„(4) Unbeschadet der Vorschriften in den Absätzen 1 bis 3 beträgt die höchstzulässige Fahrgeschwindigkeit

1. innerhalb geschlossener Ortschaften:
   50 Kilometer je Stunde für Kraftfahrzeuge aller Art; in Ausnahmefällen können die Straßenverkehrsbehörden mit Zustimmung der höheren Verwaltungsbehörden auf bestimmten Straßen höhere Geschwindigkeitsgrenzen durch das Verkehrszeichen nach Bild 21 der Anlage (Verbot der Überschreitung bestimmter Fahrgeschwindigkeiten) festsetzen;
2. außerhalb geschlossener Ortschaften

	auf Bundesautobahnen	auf anderen Straßen
	Kilometer je Stunde	
a) Personenkraftwagen mit Anhänger und Kombinationskraftwagen mit Anhänger	80	80
b) Krafträder mit Anhänger	60	60
c) Kraftomnibusse		
ohne Anhänger oder mit Gepäckanhänger	80	80
mit Anhänger (außer Gepäckanhänger)	60	60
d) Lastkraftwagen		
mit einem zulässigen Gesamtgewicht bis zu 7,5 Tonnen		
ohne Anhänger	80	60
mit einem zulässigen Gesamtgewicht über 7,5 Tonnen		
ohne Anhänger	80	60
mit Anhänger	80	60
e) Sattelkraftfahrzeuge		
mit einem zulässigen Gesamtgewicht bis zu 7,5 Tonnen	80	80
mit einem zulässigen Gesamtgewicht über 7,5 Tonnen	80	60
f) Zugmaschinen		
mit einem zulässigen Gesamtgewicht bis zu 7,5 Tonnen		
ohne Anhänger	80	80
mit einem zulässigen Gesamtgewicht über 7,5 Tonnen		
ohne Anhänger	80	60
mit einem Anhänger	80	60
mit zwei Anhängern	60	60
g) selbstfahrende Arbeitsmaschinen		
mit einem zulässigen Gesamtgewicht bis zu 7,5 Tonnen		
ohne Anhänger	80	80
mit einem zulässigen Gesamtgewicht über 7,5 Tonnen		
ohne Anhänger	80	60
mit Anhänger	60	60

§ 2

Diese Verordnung gilt nach § 14 des Dritten Überleitungsgesetzes vom 4. Januar 1952 (Bundesgesetzbl. I S. 1) in Verbindung mit Artikel 7 des Gesetzes zur Sicherung des Straßenverkehrs vom 19. Dezember 1952 (Bundesgesetzbl. I S. 832) und mit Artikel 3 des Gesetzes zur Änderung des Straßenverkehrsgesetzes und des Gesetzes zur Sicherung des Straßenverkehrs vom 16. Juli 1957 (Bundesgesetzbl. I S. 709) auch im Land Berlin.

§ 3

Diese Verordnung tritt am 1. September 1957 in Kraft.

Bundesminister für Verkehr

FSC
www.fsc.org
MIX
Papier | Fördert gute Waldnutzung
FSC® C083411

Kolibri 360 GmbH
Ferdinand-Jühlke-Straße 7
99095 Erfurt, Deutschland
produktsicherheit@kolibri360.de